MW01714556

Bien lire et Aimer lire

Méthode phonétique et gestuelle
créée par Suzanne Borel-Maisonny

LIVRE 1 : Cycle 2 (CP-CE1)

esf
EDITEUR

Illustrations : Florence Delclos
Photographies : Patrick Depelsenaire
Couverture : Arnaud Lhermitte

Division de la société Reed Business Information
SAS au capital de 4 099 168 €
2, rue Maurice-Hartmann - 92133 Issy-les-Moulineaux cedex
Président : Antoine Duarte

33e édition 2008
ISBN 978-2-7101-1949-4

PLAN DE L'OUVRAGE

Annexes :

Préface

*Une méthode de lecture, même excellente, n'a son plein effet que lorsqu'elle va **jusqu'au bout**, c'est-à-dire rend l'enfant capable de lire couramment et d'aimer lire. L'abandonner au niveau du déchiffrage, c'est risquer de le voir s'en tenir durant des années aux légendes des petits journaux.*

*Chacun sait qu'il s'écoule parfois bien longtemps entre le moment où l'enfant peut lire et celui où il prend un livre pour son plaisir. Amener les enfants normaux, mais aussi la plupart des « dyslexiques » *, à bien lire et aimer lire, c'est à quoi tend et réussit le manuel de Mademoiselle Silvestre de Sacy, guide sûr qui **préviendra** les troubles des premiers et **corrigera** les déformations des autres.*

Ce livre précieux mêle intimement la technique et le plaisir de l'appliquer en aplanissant de réelles difficultés trop méconnues... sinon des intéressés.

C'est avec une grande satisfaction que je vois paraître cet ouvrage destiné surtout aux enfants du premier âge scolaire. Je souhaite que cette méthode très illustrée soit choisie par les maîtres dans les établissements scolaires, mais aussi que les parents en prennent connaissance et en suivent l'application.

Suzanne BOREL-MAISONNY

* On appelle « dyslexiques » les enfants qui éprouvent de grandes difficultés à apprendre à lire.

Les caractéristiques les plus marquantes de la dyslexie sont :
– les *confusions visuelles* entre des lettres dont les graphies sont voisines (m et n ; b et d, etc.) ou les *confusions auditives* lorsque les sons paraissent voisins (d et t ; f et v, etc.) ;
– des *inversions de lettres* dans les syllabes (« clo » pour « col ») ;
– ou encore des *inversions de syllabes* dans les mots (« branche » pour « chambre »).

Une méthode complète

Devant le nombre croissant d'enfants se trouvant handicapés dans leurs études – non seulement dans les petites classes, mais bien au-delà – par une lecture ou une orthographe pénible sinon tout à fait déficiente, il nous a paru utile d'en étudier les raisons et d'aider les familles et les enseignants à y remédier.

En effet, à côté des dyslexiques notoires, qui doivent être confiés à des rééducateurs spécialisés, il y a un très grand nombre d'enfants qui peinent ; et les résultats décourageants, les mauvaises notes en toutes matières (comment réussir un problème dont on n'a pas compris, à la lecture, la donnée ?), ne sont qu'un aspect du drame de ces enfants : incompréhension, moqueries, punitions entraînent souvent révoltes, troubles affectifs et réactions caractérielles qui laissent les familles déroutées par les échecs d'enfants qui sont manifestement intelligents.

La méthode complète que nous vous présentons regroupe deux livres utilisables à la fois par les enseignants et par les élèves. Ces ouvrages correspondent aux âges de l'enfant et c'est dans cet ordre d'utilisation que nous les analysons ci-dessous.

BIEN LIRE ET AIMER LIRE : Livre 1 – Cycle 2 / CP-CE1*

La méthode phonétique et gestuelle

Le présent tome de *Bien lire et aimer lire* a pour ambition de limiter les nombreuses catastrophes dues simplement a une erreur « au départ » :

• ou bien de fréquentes absences au cours de la première année de scolarité ont laissé des lacunes dont personne n'a songé à s'inquiéter ;

• ou bien les méthodes utilisées pour tels ou tels enfants ne leur convenaient pas et ont accentué leurs difficultés initiales au lieu de les réduire : syllabes inversées, difficultés d'orientation par lesquelles passent la plupart des enfants – et d'autant plus qu'ils sont plus jeunes – mais qui auraient dû disparaître rapidement ou cours d'un apprentissage approprié et minutieux.

---

* Note de l'éditeur : 33 éditions successives, près de 500 000 exemplaires diffusés.

Ces troubles légers, qui passent inaperçus aux yeux des personnes non spécialisées, ne doivent pas persister. Et pourquoi, afin de les éviter, ne pas employer dès le début une méthode qui a fait ses preuves en rééducation auprès d'enfants dyslexiques ?

Nous avons voulu en faire l'expérience dans une classe de CP (enfants de 5 à 6 ans) en notant au jour le jour les résultats de la méthode phonétique et gestuelle, en comparant ces résultats à ceux des méthodes utilisées jusqu'alors dans cette même classe, en rectifiant la technique chaque fois que c'était nécessaire, et ceci pendant plusieurs années. La mise au point nous paraissant complète maintenant, nous croyons être utiles en présentant ce livre et en faisant profiter d'une longue et concluante expérience les enfants et leurs éducateurs.

En effet, « Mieux vaut prévenir que guérir ». Madame Borel-Maisonny a créé cette méthode pour « guérir », mais elle nous a autorisés – et encouragés – à l'utiliser pour « prévenir », après l'avoir mise à la portée des débutants, de ces tout-petits pour qui le geste est à la fois le soutien et le propulseur de l'activité intellectuelle. Associé au son et à la graphie des lettres et des phonèmes, le geste entraîne facilité, exactitude, rapidité de la lecture et, très rapidement, compréhension de la phrase lue.

Deux objections viennent tout de suite à l'esprit ; comment les enfants perdront-ils, plus tard, l'habitude de ces gestes ? Comment les enseignants les apprendront-ils ? Ces objections nous apparaissent sans force réelle. D'une part, les gestes sont tout naturellement abandonnés lorsque les enfants n'en ressentent plus le besoin : jamais il ne s'avère nécessaire de les inciter à ne plus les faire. D'autre part, les adultes imaginent mal l'aisance avec laquelle ils s'adaptent eux-mêmes à ces gestes.

D'ailleurs les résultats obtenus, dès les premières leçons, sont tellement encourageants, et même spectaculaires, qu'aucun professeur ne résiste au plaisir de continuer à voir se dérouler un apprentissage de lecture aussi efficace, aussi surprenant.

Autre avantage pour les professeurs : la leçon collective de lecture profite intégralement à tous : le geste entraîne le geste et chaque enfant bénéficie à fond de l'exercice quotidien.

> *Note de l'éditeur :* la 27e édition de *Bien lire 1* a été actualisée en 1997 par Jean-Paul Thomas, orthophoniste.
> La 33e et présente édition de 2008 a été actualisée par Yves Blanc, éducatueur et enseignant.

BIEN LIRE ET AIMER LIRE : Livre 2 – Cycle 2 /CP - CE1

Recueil de textes

Pour certains enfants le passage du livre d'apprentissage à un premier recueil de textes choisis demande un nouvel effort d'adaptation ; en effet la longueur des phrases, la diversité des caractères, la densité des pages les déconcertent.

Il nous a donc paru utile de leur donner la possibilité de faire ce nouveau pas, presque insensiblement, au troisième trimestre du cours préparatoire ou au cours élémentaire, à l'aide d'histoires, encore très enfantines, mais où les difficultés techniques n'ont plus à être graduées.

Dans ce deuxième tome de *Bien lire et aimer lire* les caractères changent peu à peu, devenant plus fins, plus serrés ; en même temps les phrases sont plus complexes : c'est le moment d'initier les enfants à la nécessité trop souvent négligée d'utiliser la ponctuation et les mots de liaison, car une phrase mal scindée devient de ce fait incompréhensible.

C. SILVESTRE DE SACY

BIEN LIRE ET AIMER LIRE : Livre 3 – Cycle 2 /CP - CE1

Recueil d'activités de lecture-écriture

Ce recueil d'exercices est destiné aux cours préparatoire et élémentaire. Il constitue une nouvelle application de la méthode Borel-Maisonny parce que lire, c'est également écrire.

Il complète en effet le livre 1 en l'approfondissant et en le détaillant, tout en respectant exactement la même progression dans l'apprentissage des sons. À chaque leçon du livre 1 correspond une séquence du livre 3, de même qu'on retrouve, aux mêmes étapes, des fiches bilan. Il propose de nombreux exercices illustrés reposant sur l'assemblage et le découpage syllabiques des mots.

Ce livre a aussi la particularité de proposer à l'enfant des consignes dessinées qui, dans un premier temps, donnent de façon ludique les instructions nécessaires à la réalisation de l'exercice.

Dans la continuité des précédents *Bien lire et aimer lire*, ce recueil d'exercices constitue un nouvel outil indispensable pour prévenir l'illettrisme, la dyslexie et l'échec scolaire – les exercices proposés ont déjà été testés en classe avec succès – et procure à l'enfant une méthode très efficace pour lire couramment.

BIEN LIRE ET AIMER LIRE : Livre 4 – Cycle 2 GS/CP

Recueil d'activités de lecture-écriture

Ce recueil d'exercices est destiné à faciliter l'entrée dans l'écrit des enfants de la grande section de maternelle. Il respecte en tous points la démarche du livre 1 en proposant uniquement des activités autour des syllabes simples (consonne + voyelle). Il propose de nombreux exemples illustrés et procure au jeune enfant une méthode adaptée et efficace pour entrer dans l'écrit et la lecture en acquérant de bons réflexes. Une préparation progressive et efficace pour acquérir une lecture courante dès le CP.

Comment utiliser cet ouvrage : déroulement d'une séquence

1. – Nous conseillons de reproduire au tableau la page qui présente la nouvelle lettre à étudier, en adoptant la couleur rouge pour toutes les voyelles et les diphtongues (imprimées en rouge dans l'ouvrage).

Les premières consonnes étudiées sont celles dont le son se prolonge, et elles sont, de ce fait, mieux perçues par les enfants.

2. – Le professeur doit se placer en face des enfants et faire avec eux tous les gestes, en se servant de sa main gauche afin que les enfants, en imitant, utilisent leur main droite. De l'autre main, et à l'aide d'une baguette, le professeur désigne les lettres du tableau.

3. – Les indications propres à chaque leçon sont données dans les « notes » qu'il est indispensable de lire attentivement.

4. – La lettre (ou la diphtongue) est apprise collectivement et en même temps que le geste, tel qu'il est reproduit sur la photographie d'accompagnement. Puis, associée à d'autres, la lettre est lue en syllabes et en mots (reproduits en deux couleurs).

5. – Quand ceci est bien acquis, au cours d'une deuxième leçon, la nouvelle difficulté est revue et associée aux difficultés précédemment apprises et déjà lues avec aisance (en utilisant alors une seule couleur).

6. – Pour lire les textes dans le livre, nous recommandons l'emploi habituel d'une réglette de carton qui, maintenue de la main gauche, se place sous la ligne à lire. Ainsi la main droite reste libre pour répéter tous les gestes.

7. – Certaines notes indiquent de déchiffrer la page suivante en fin de leçon de lecture ; c'est un conseil pédagogique important : une nouvelle lettre, un nouveau son vont être introduits, le fait de les avoir perçus visuellement et auditivement facilite beaucoup la leçon du lendemain.

8. – Nous conseillons également l'emploi fréquent de lettres mobiles. La leçon se déroule alors à l'inverse : l'enseignant annonce la syllabe à écrire pour que les enfants cherchent et fassent les gestes correspondants ; ils ne choisissent et n'assemblent les lettres qu'ensuite.

Lorsque cet exercice est pratiqué habituellement, les débuts de l'orthographe ne présentent plus aucune difficulté.

• Les phrases courtes sont nombreuses dans chaque leçon ; ces phrases sont « coupées » selon le rythme du langage.

• Des pages de lecture courante sont présentées entre les difficultés les plus sérieuses pour amener l'enfant à plus d'aisance et de désir de lire.

• Les photographies des gestes d'accompagnement de certains sons sont reproduites plusieurs fois tout au long de l'ouvrage : un rappel des gestes connus aidera l'enfant à surmonter les difficultés nouvelles d'associations encore inconnues de lui.

Dans l'apprentissage de la lecture, la technique ne suffit pas et on l'oublie trop souvent : il faut acquérir un certain rythme ; il faut comprendre le texte, ce qui provoque le désir de lire. C'est à quoi vise la présentation de ce livre : chaque ligne peut être comprise en soi, la phrase étant coupée au rythme même du langage. Ainsi l'enfant comprend vite ce qu'il lit : le mot n'est jamais déformé par aucune prononciation intempestive des lettres muettes et l'idée est captée au fur et à mesure du déroulement de la « petite histoire » que représente une phrase.

Au manuel proprement dit, et sans attendre que toutes les difficultés soient sues, nous avons ajouté beaucoup de pages pour favoriser le désir et la joie de lire : souvent l'enfant les lira seul pour son plaisir.

C'est alors que l'on pourra dire : « Il sait lire »

C. SILVESTRE DE SACY

Tableau des signes phonétiques de chaque geste

[ɑ] de t**a**s / [a] de p**a**tte

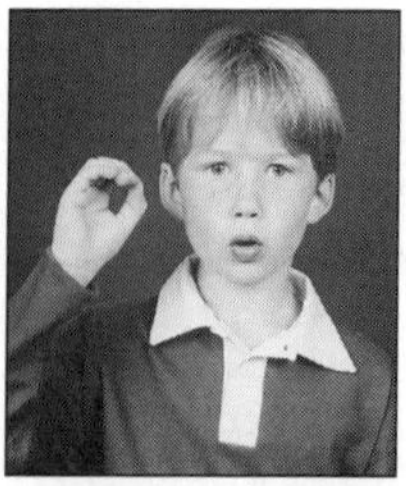
[o] de vél**o** / [ɔ] de p**o**mme

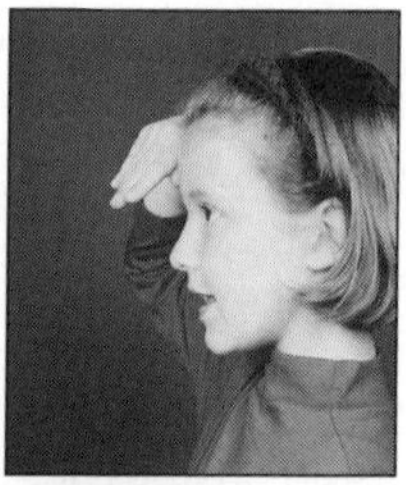
[e] de **été**

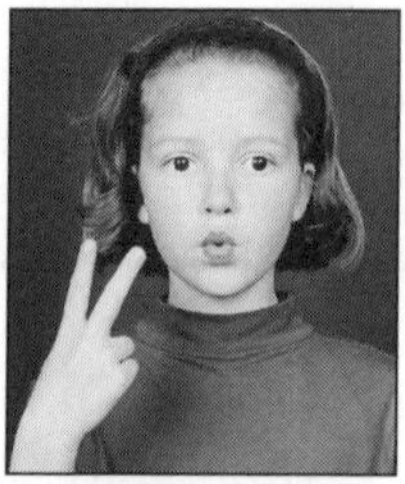
[y] de l**u**ne

[i] de l**i**t

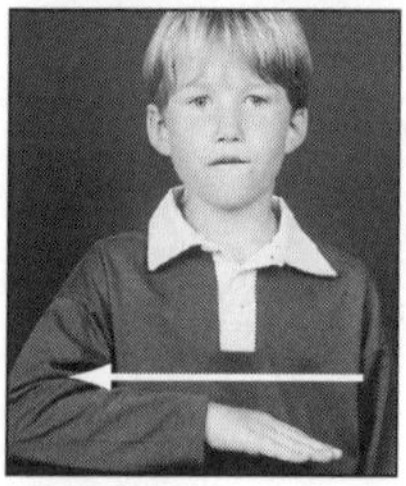
[f] de **f**ée

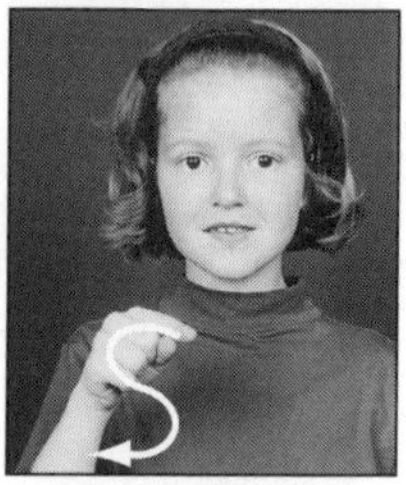
[s] de salade

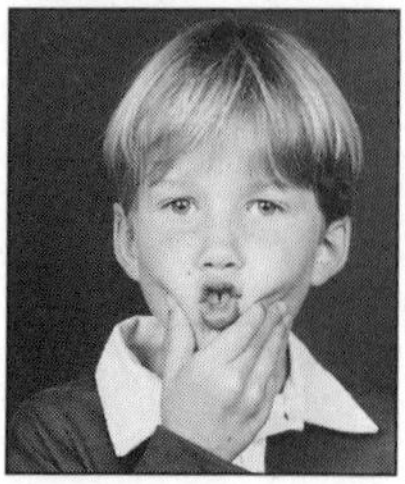
[ʃ] de **ch**eval

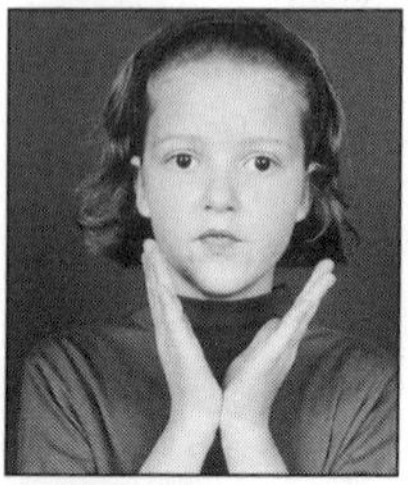
[v] de **v**alise

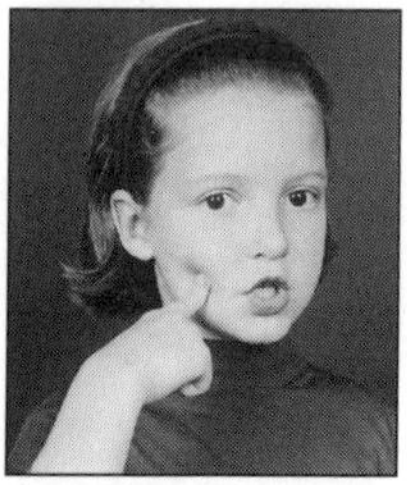
[ʒ] de **j**oli

[z] de **z**éro

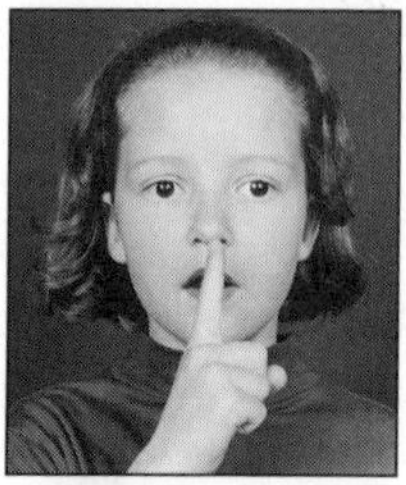
[l] de **l**ait

[m] de **m**aison

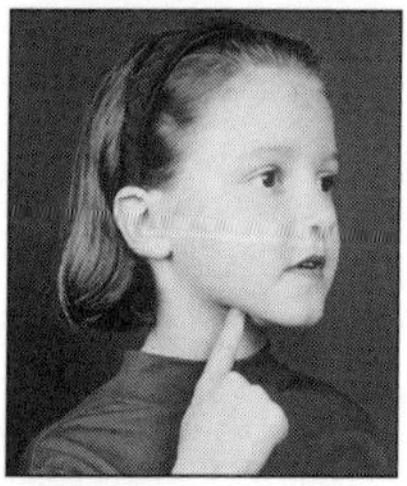
[ʀ] de **r**at

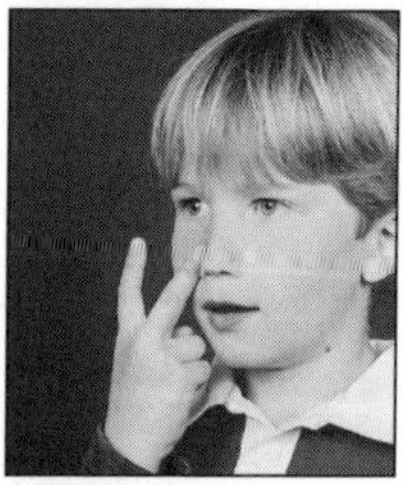
[œ̃] de **un**

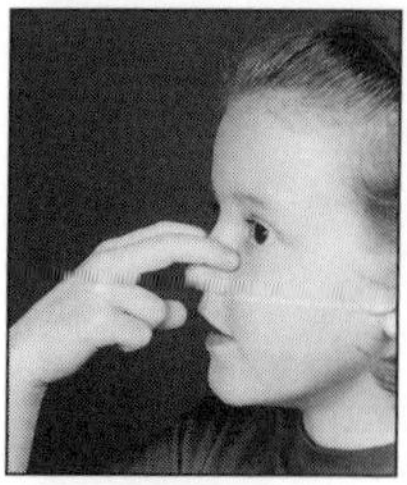
[n] de **n**oix

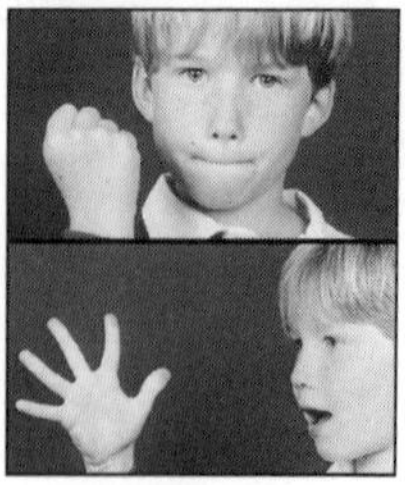
[p] de **p**i**p**e

[t] de **t**apis

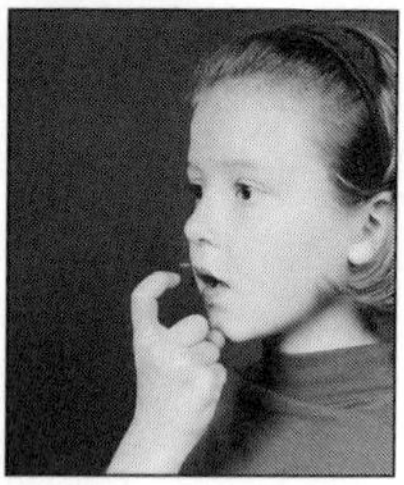
[k] de **c**amion

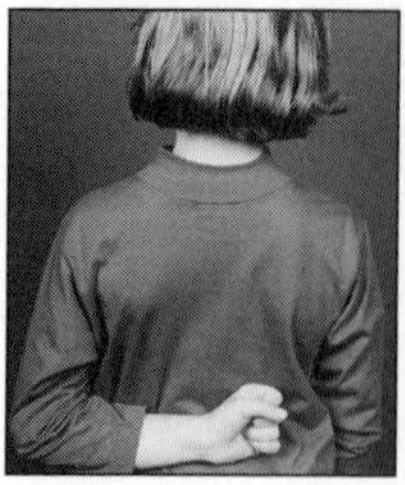
[d] de **d**ame

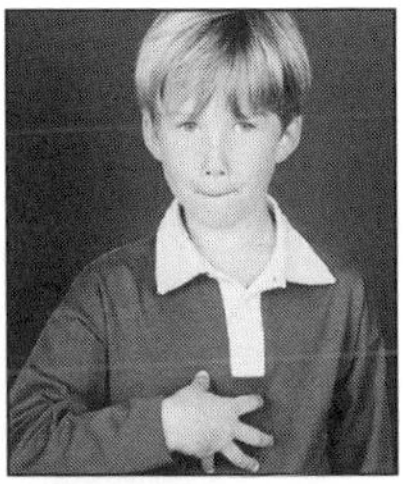
[b] de **b**allon

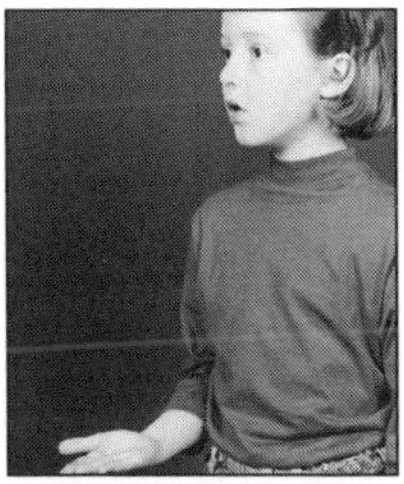
[ə] de p**e**tit

[ɛ] de f**ê**te

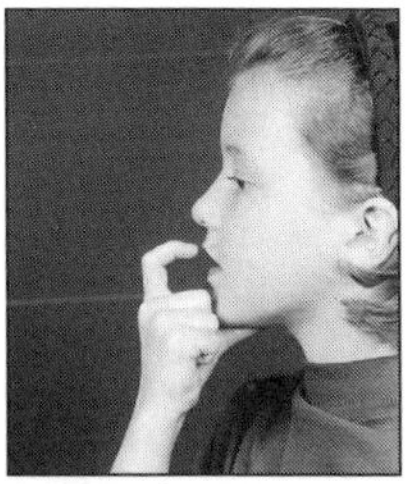
[g] de **g**âteau

[ɑ̃] de or**an**ge

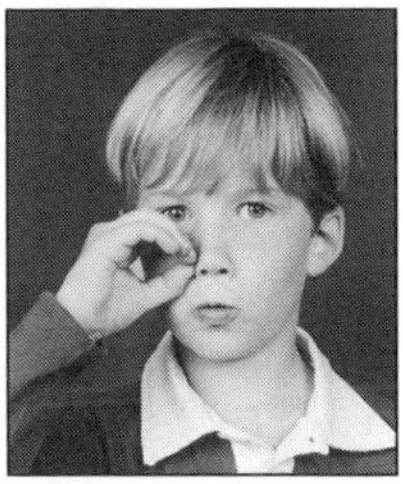
[ɔ̃] de b**on**b**on**

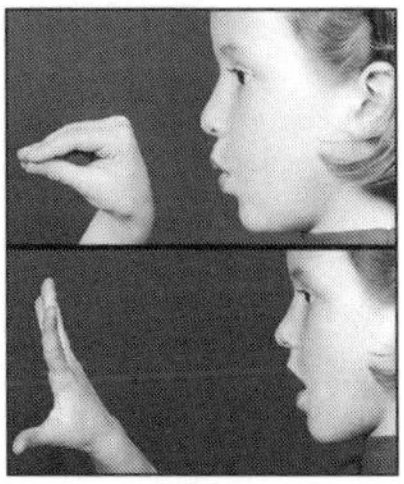
[wa] de p**oi**re

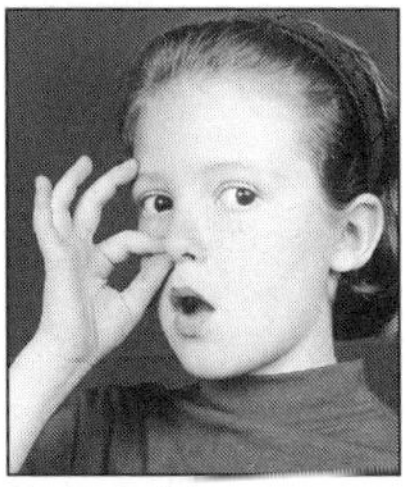
[wɛ̃] de l**oin**

[u] de p**ou**le

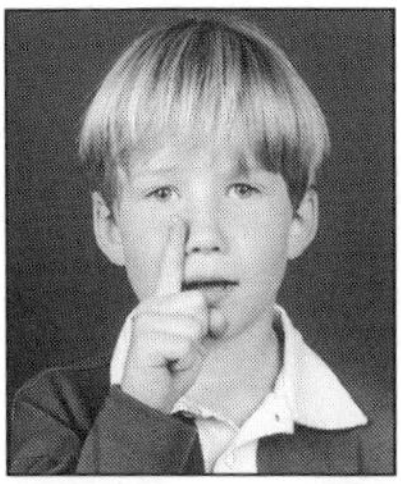
[ɛ̃] de lap**in**

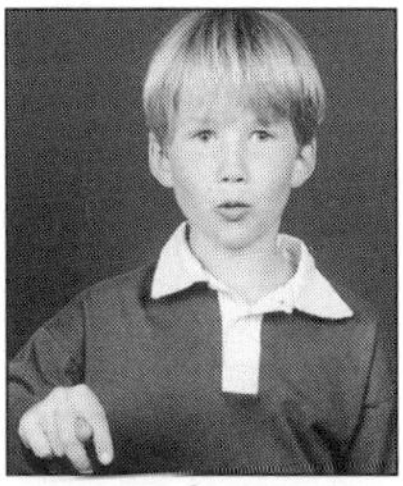
[ø] de d**eu**x / [œ] de fl**eu**r

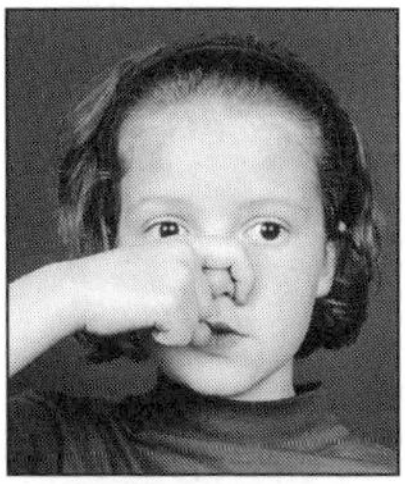
[ɲ] de monta**gn**e

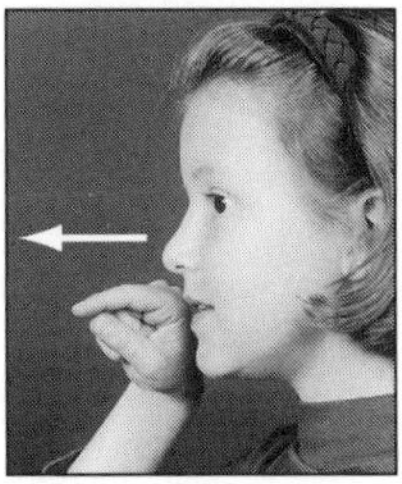
[j] de **y**eux

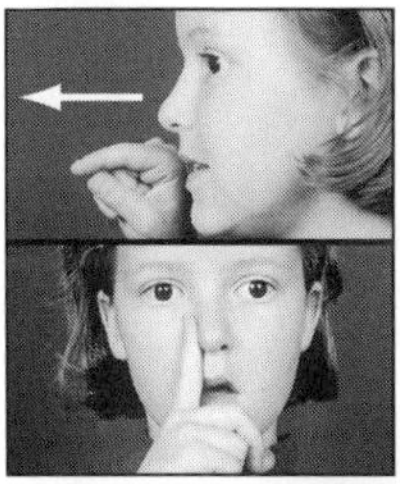
[jɛ̃] de ch**ien**

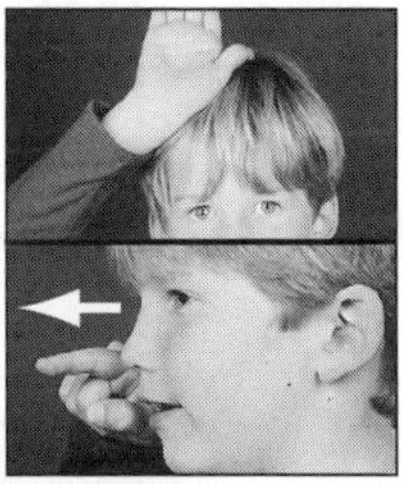
[ɛj] de rév**eil**

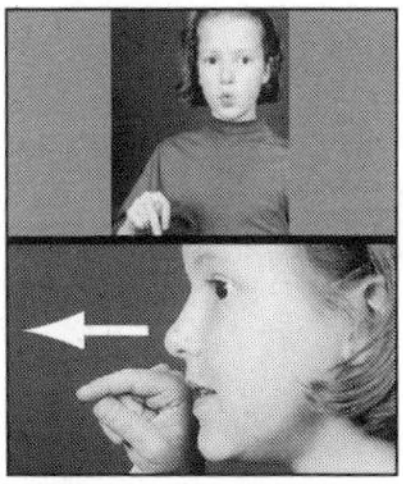
[œj] de écur**euil**

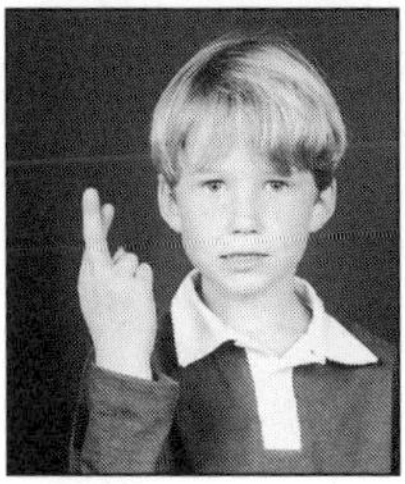
[ks] de bo**x**e

Marie et Nicolas
apprennent à lire.
Tu vas apprendre avec eux,
regarde-les,
fais comme eux.

Les voyelles

a

Ouvre la main,
ouvre la bouche
et dis **a**.

C'est le [ɑ] de « t**a**s »,
ou le [a] de « p**a**tte ».

o

Fais un rond avec
tes doigts, et dis **o**.

C'est le [o] de « vél**o** »,
ou le [ɔ] de « p**o**mme ».

Note

Les 3 pages des voyelles peuvent être apprises le même jour.

é

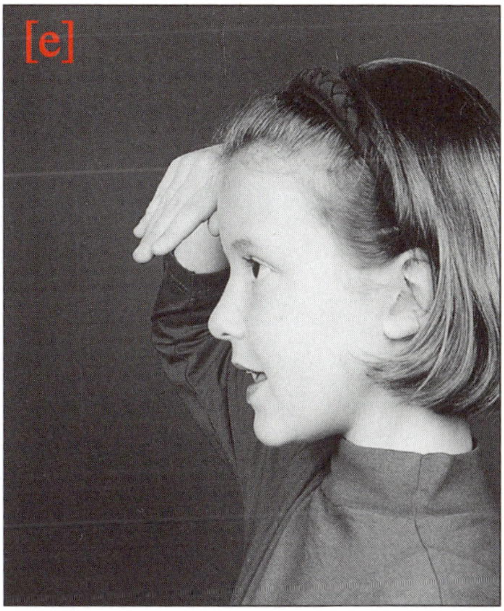

Mets ton accent
en avant,
comme **é**.

C'est le [e] de « **été** ».

u

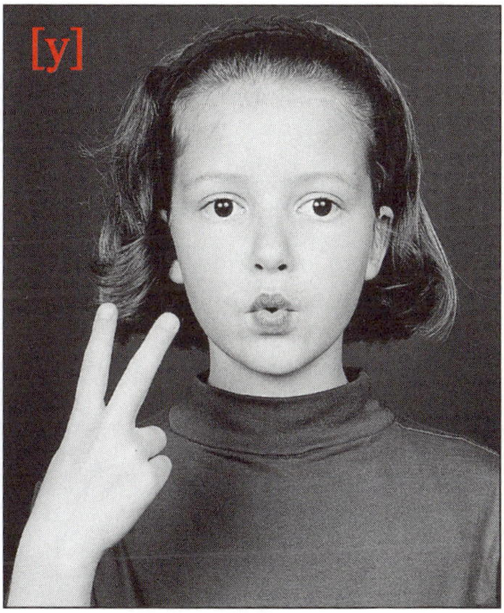

u a deux doigts
en l'air.

C'est le [y] de « l**u**ne ».

i

y

i a un doigt en l'air.

C'est le [i] de « lit ».

e

Comme Marie, tends ta main, la paume tournée vers le haut.

C'est le [ə] de « petit ».

Minuscules et majuscules des voyelles

a	=	A	i	=	I
o	=	O	y	=	Y
é	=	É	e	=	E
u	=	U			

Les consonnes continues *(1re série)*

l

Ta langue monte dans ta bouche comme ton doigt devant tes lèvres.

C'est le [l] de « **l**ait ».

l — i o é u a e y

lo la lu lé ly le li

Lola a lu.

m

C'est une petite bête à trois pattes.
Serre les lèvres,
pour la faire chanter dans ton nez.

C'est le [m] de « **m**aison ».

m — a o é u i e y

mu mi mo mé ma me my

Mamy a lu.

r

C'est là, dans ta gorge,
qu'il gratte un peu.

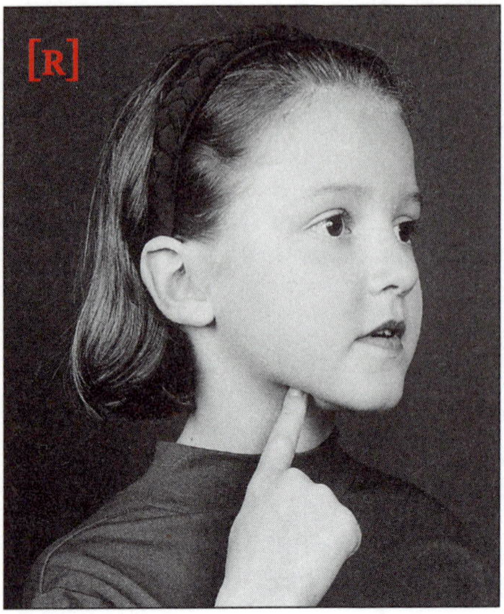

C'est le [R] de « **r**at ».

r — é, o, a, u, y, i, e

ry ra ro ri re ré ru

Rémi a ri.

l

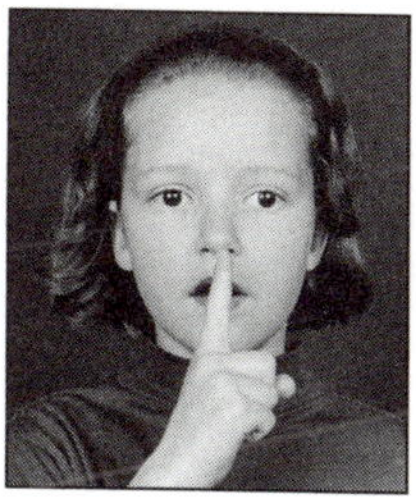

m

r

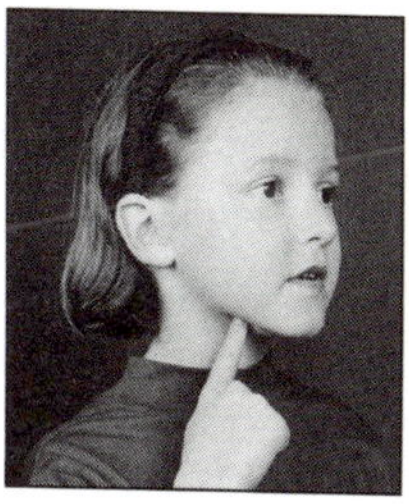

l m r

o u y é a e i

la	ma	ru	li	mé
ry	le	ma	ro	lu
mi	ré	ly	me	ra

Malory a lu.
Malory a ri.

Note

À chaque nouvelle difficulté, la lecture en syllabes doit être aisée. Ne pas hésiter à refaire des exercices en associant la nouvelle acquisition à toutes les lettres apprises auparavant, soit au tableau, soit sur feuilles volantes.

Cas particuliers

→ e

→ s

→ t

Ces lettres ne se disent
pas à la fin des mots,
sauf pour « le ».

→ ~~e~~

→ ~~s~~

→ ~~t~~

La mie, le mot,
le lilas, mamie,
l'allée, l'îlot, le lit.
Il lit.

Note

Avant de lire, l'enfant doit rechercher dans toute la page les lettres « qui ne se disent pas » et il les barre d'un léger trait de crayon.

Cet exercice doit être répété sur les pages suivantes jusqu'à ce que l'enfant ait acquis l'automatisme de ne pas prononcer les lettres muettes. (Ce n'est pas « gribouiller » le livre : le trait sera gommé par la suite, et avec une certaine solennité, car c'est le progrès de l'enfant qui lui permet de supprimer cette aide momentanée.)

Les consonnes continues *(2e série)*

v

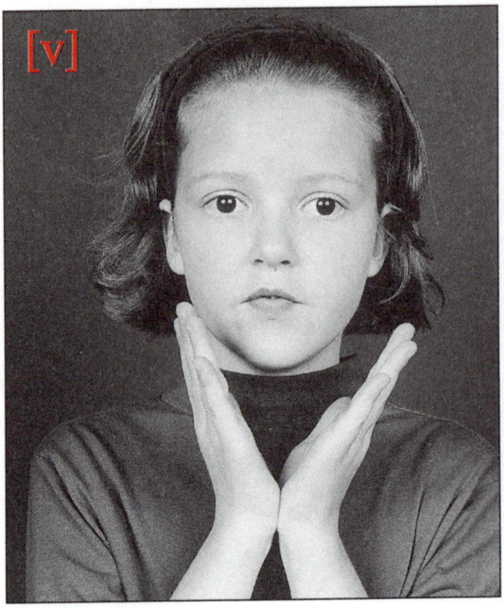

Fais un **v** avec tes mains.

C'est le [v] de « **v**alise ».

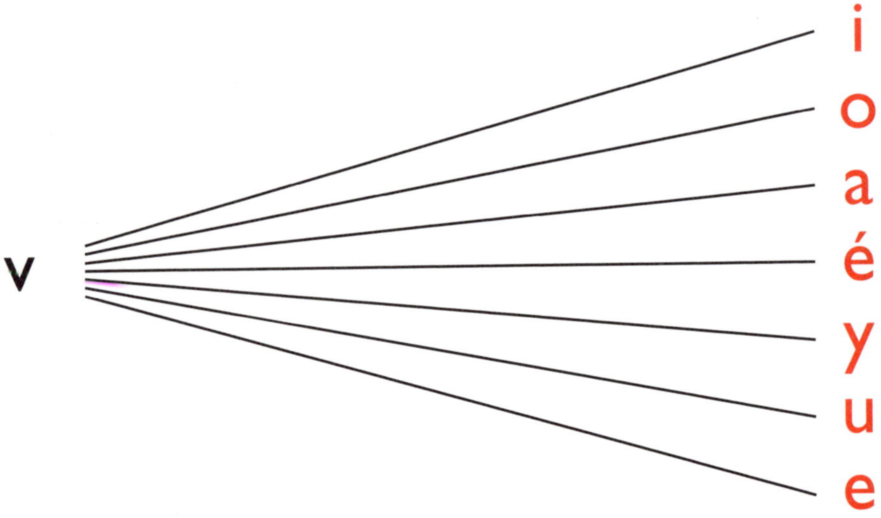

va ve vi vo vu vé vy

Marie a lavé le lama.

j

Fais un point sur ta joue
comme sur le « j ».

C'est le [ʒ] de « **j**oli ».

j — y o e u é i a

ju jé jy ja je ji jo

Julie a avalé le jus.

z

Ton doigt vole en zig-zag
comme une guêpe,
tu dis comme elle [z]…

C'est le [z] de « **z**éro ».

z — y o e u é i a

zu zé ze za zy zi zo

Zora a vu Zorro.

v

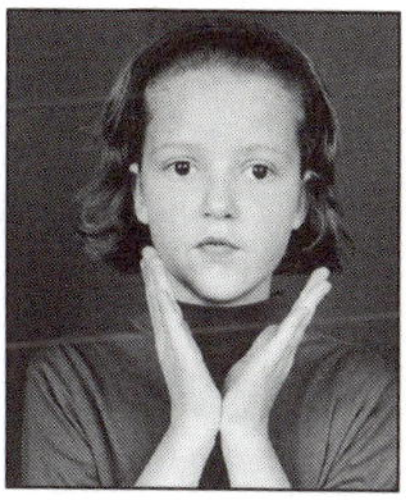

j

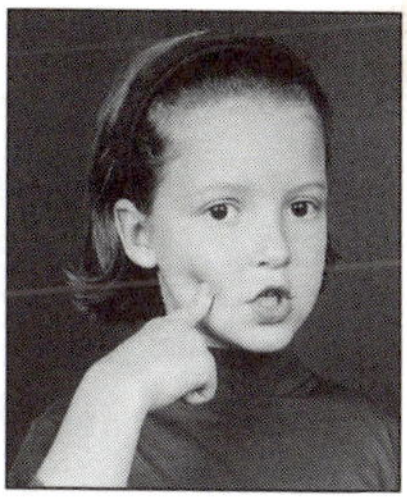

z

v — i, y, e, a, é, o, u

j

z

va	jo	zu	vi	jé
zy	ve	ja	zo	vu
ji	zé	vy	je	za

Julie a lu zéro mot.
Zora a lavé le vélo.

f

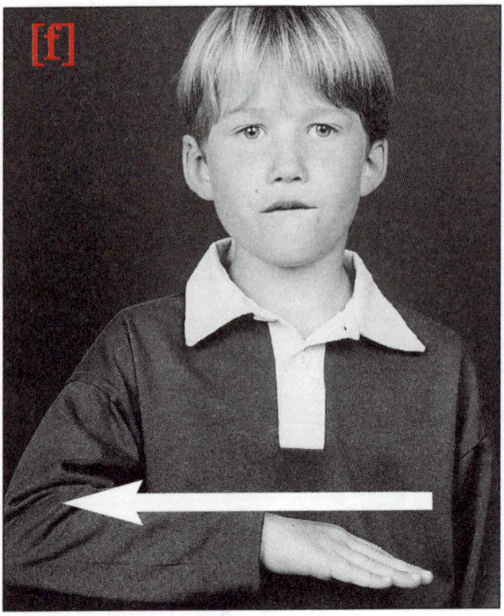

Mets ton bras comme Nicolas
et suis la flèche :
il faut le dire longtemps.

C'est le [f] de « **f**ée ».

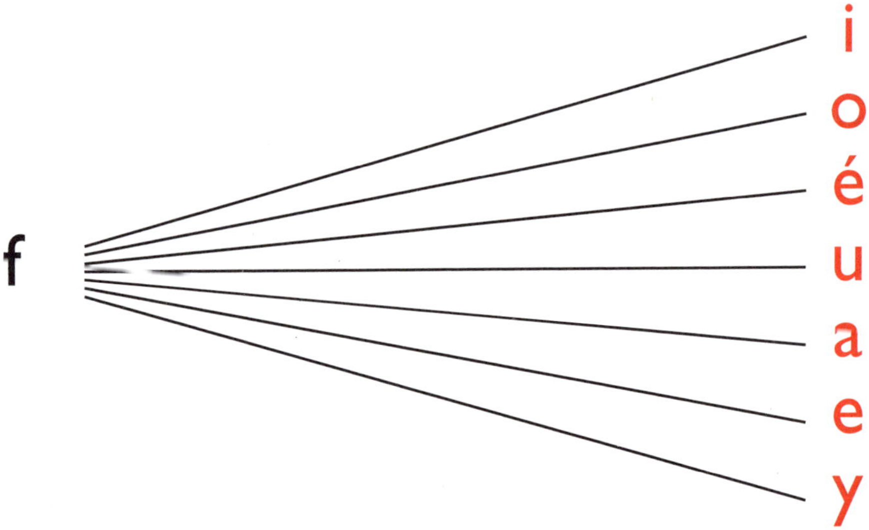

fa fe fi fo fu fé fy

Lulu fera la fée.

s

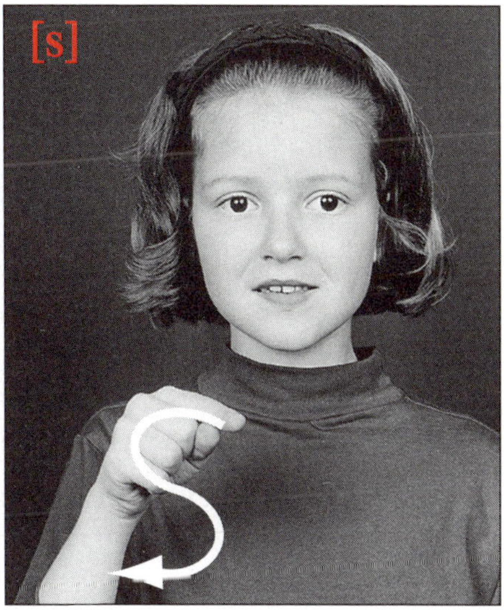

Là aussi, suis la flèche, et dis longtemps [s].

C'est le [s] de « **s**alade ».

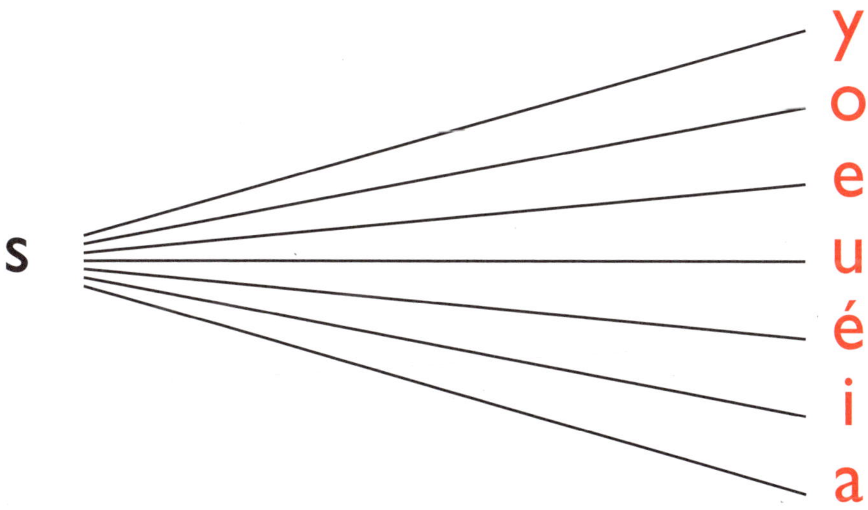

se sé sa su so sy si

Salima a salé le surimi.

ch

Prends tes joues et dis [ʃ].

C'est le [ʃ] de « **ch**eval ».

ch — i, o, é, u, a, e, y

che chi cha chu cho chy ché

Sacha a vu le chat.

f 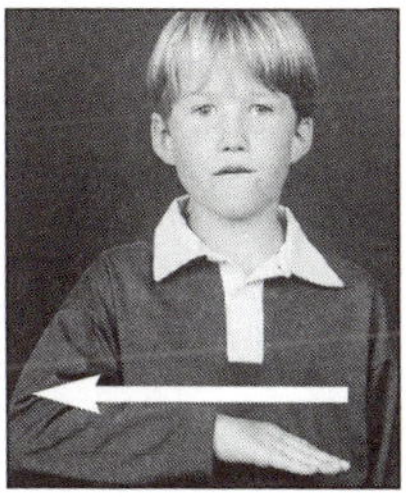 s 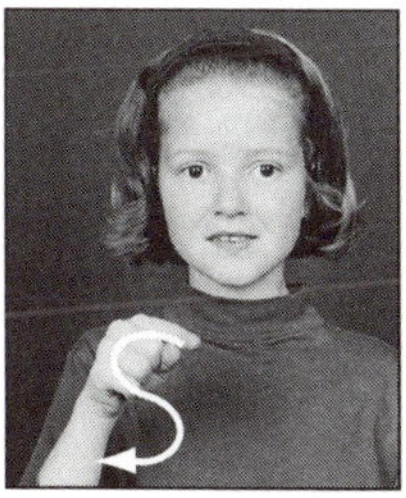 ch 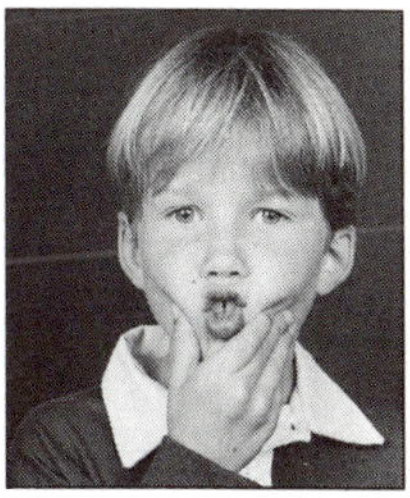

f

ch

s

o u y é a e i

fa	so	chu	fi	sé
chy	fe	sa	cho	fu
si	ché	fy	se	cha

Sacha a lavé la charrue.
La fumée a sali le chat.

Graphies des lettres apprises

l = l

m = m

r = r

v = v

j = j

z = z

f = f

s = s

ch = ch

a = a

é = é

i = i

o = o

u = u

y = y

e = e

l	=	L	a	=	A
m	=	M	é	=	É
r	=	R	i	=	I
v	=	V	o	=	O
j	=	J	u	=	U
z	=	Z	y	=	Y
f	=	F	e	=	E
s	=	S			
ch	=	Ch			

Note

Pour cette révision, on utilise à la fois des lettres manuscrites et des lettres d'imprimerie, toutes ces lettres seront étudiées simultanément à partir de cette page.

Consonne + voyelle + voyelle

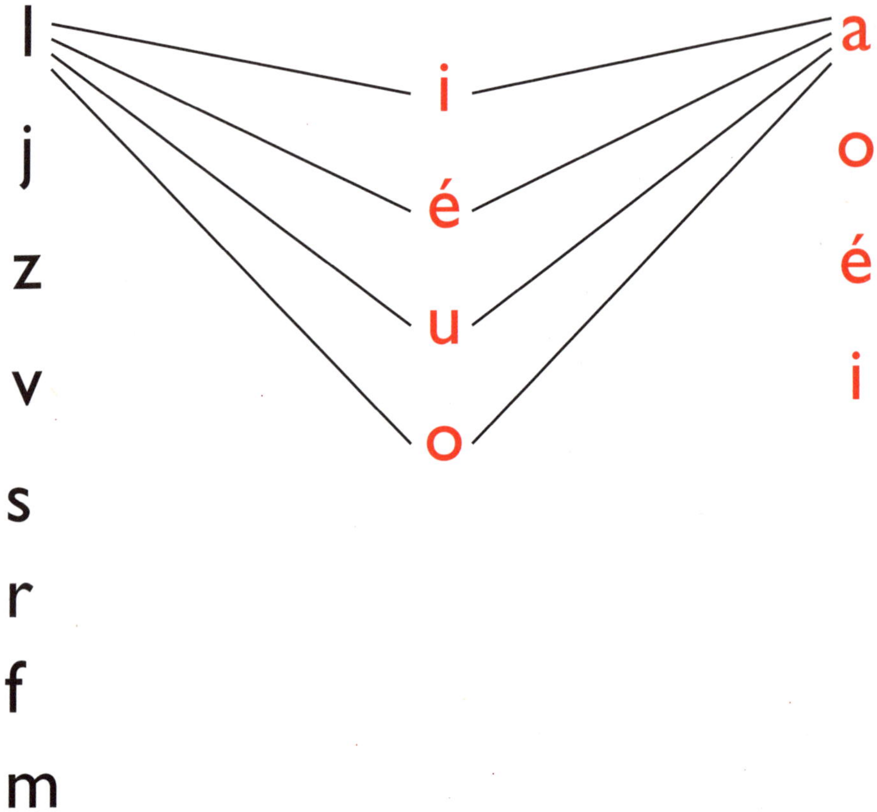

lia	mia	ria	via
jéo	féo	séo	chéo
véa	jéa	zéa	féa
sué	chué	lué	mué
fui	sui	chui	lui

Zoé
a salué
Samia.

Léo
a vu
le rat.

Julia
a lavé
le chiot,
le chat
a ri.

Je me suis lavé.

Note

Étude des syllabes : consonne + voyelle + voyelle ; les trois gestes, comme les trois sons se succèdent. Amener peu à peu l'enfant à la prononciation « d'un seul coup » en syllabe.

Consonne + voyelle + consonne

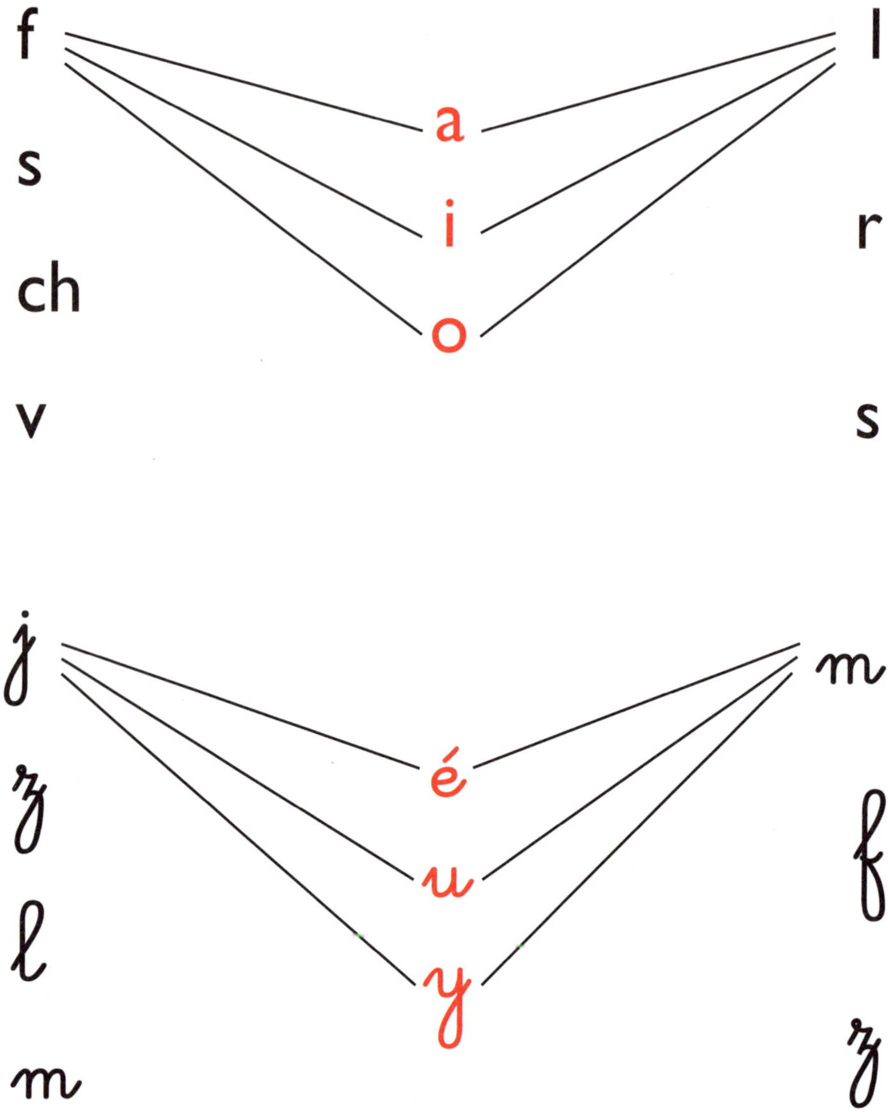

Note

Étude des syllabes : consonne + voyelle + consonne ; les trois gestes, comme les trois sons se succèdent. Amener peu à peu l'enfant à la prononciation « d'un seul coup » en syllabe.

fil sur vis
vif mur if
jazz

mul sir fich
vos juf zim
mar mij rov
voz chif lal

un

un

= 1

Tu mets le **u** contre ton nez pour dire [œ̃] .

C'est le [œ̃] de « **un** ».

un lit

un fil

un ami

un mur

Un chat
va
à la chasse :
il avale
un rat.

Note

1) Dans « fil », le « l » noir précise que la consonne n'est pas muette.

2) En phonétique, le [œ̃] est la nasalisation du [œ]. Le « u » est utilisé pour rappeler l'écriture « un » de [œ̃]

Un jars
va
à la mare.

Un rat
a vu
un chat :
il file.

Il a ramassé
la vis.

Marie
a lâché
sa rame.

Conseil

Dans les leçons préparatoires faites au tableau, introduire peu à peu les majuscules pour les noms propres puis pour les débuts de phrases (voir modèles et note page 89).

Azor a vu
un os ;
Mimi a vu
l'os ;
Azor vole
l'os ;
il avale
l'os.
Mimi va
sur un lit ;
Azor y va.

Note

Voir la note
de la page 27.

Un chat
a vu
un rat
sur un mur ;
le rat
a vu
le chat,
il a fui.

Un chiot
a vu
le rat,
il a ri.

Conseil

En fin de leçon,
déchiffrer la
leçon suivante.

n	a
	i
	é
	o

n	*u*
	y
	ui

[n] : il chante dans ton nez ;
tu le sens avec tes deux doigts.

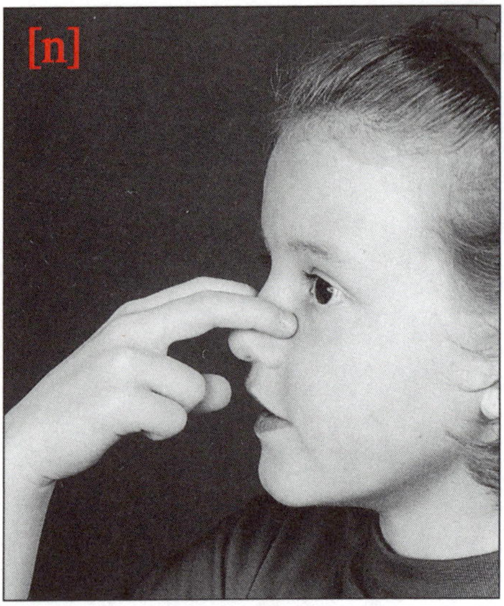

C'est le [n] de « **n**oix ».

né no nu

nyr nil nasse

né nui nor

na nor nir

nul nos nov

un une

un navire
un âne
un vélo
un lama
une vache
une lune
une fumée
une niche
une mule
une rame
une affiche
une lame

Une fumée
file.

Annie
va
sur l'âne.

Aline
a sali
un mur.

Azor
a une niche :
il y va
la nuit.

Conseil

En fin de leçon,
déchiffrer
la page suivante.

Les consonnes occlusives sourdes

p

p

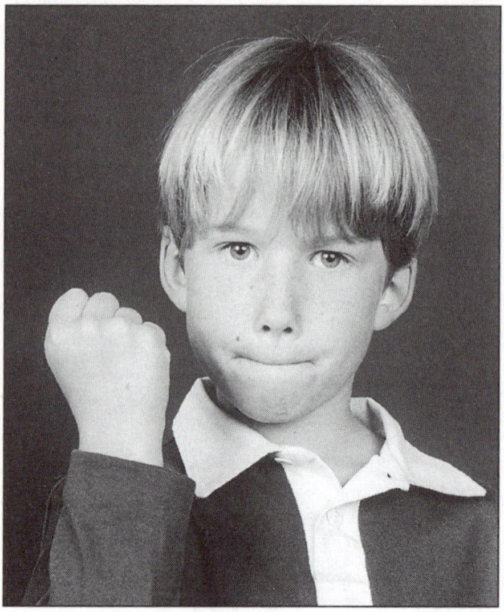

Avec son poing et son bras, Nicolas te montre un « **p** » et il serre les lèvres avant de le dire.

Puis sa bouche et sa main s'ouvrent en même temps pour dire [p].

C'est le [p] de « **pap**a ».

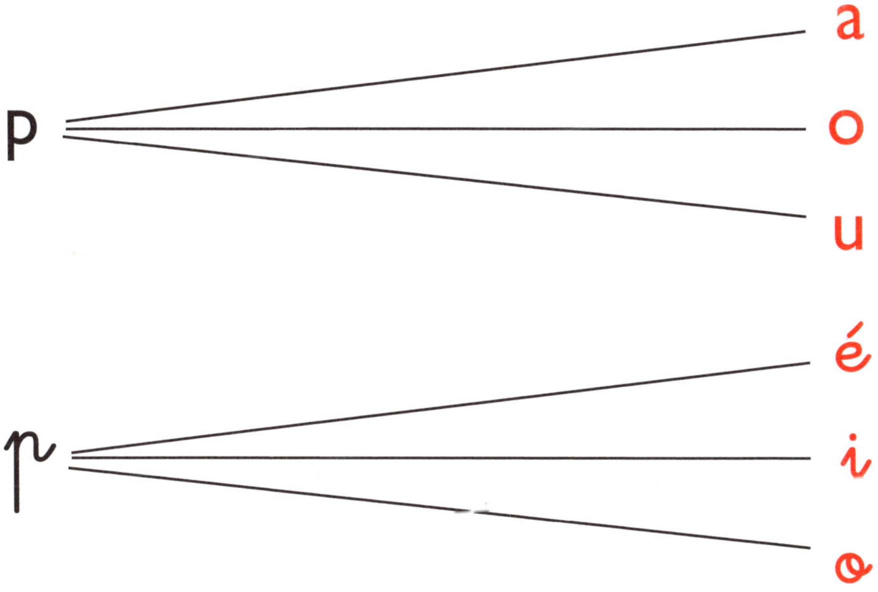

pa po pi pa

ap op up ip

po pa pi pé

pap pop pip

papa pipo pile pie

Papa
part
à la pêche ;
il parle
à un ami.

Papy
a un chat.

La pie
vole
sur un lilas.

La lune
a paru.

Papy
arrive,
le chiot jappe.

Papy
part
à la pêche,
le chiot
ne jappe pas.

Le chiot
a vu
un rat
sur la niche,
il a jappé.

Conseil

En fin de leçon, déchiffrer la leçon suivante.

t	i
	u
	é

t	a
	o
	y

Prends-le par sa petite ceinture, entre tes deux doigts et pince-le.

C'est le [t] de « **t**apis ».

to té ti ta

tul tar top tir

le « **t** » à la fin d'un mot ne se dit pas,

Il lit. Il part. Il sort.

mais le « **te** » sonne.

vite porte poste

Si l'enfant a du mal à appliquer cette règle, il doit barrer au crayon le « **t** » final et souligner le « **te** ».

Un navire
va vite.

Tu vas
à la poste ;
tu arrives
tard.

Tu as sali
un tapis ;
Rémi tapote ;
la tache
part.

Papa
a
une moto :
il la répare.

Marc
ôte
la nappe sale ;
Aline
la lave.

La tortue
a sali le tapis.
La petite chatte
a sali le tapis.
Le petit chat
a sali le tapis.

Papa
a tapé la tortue,
la petite chatte,
puis le petit chat.

La tortue a ri,
la tortue n'a pas mal.
Papa a mal,
il n'a pas ri.

Conseil

En fin de leçon, déchiffrer la leçon suivante.

c — a / u / o

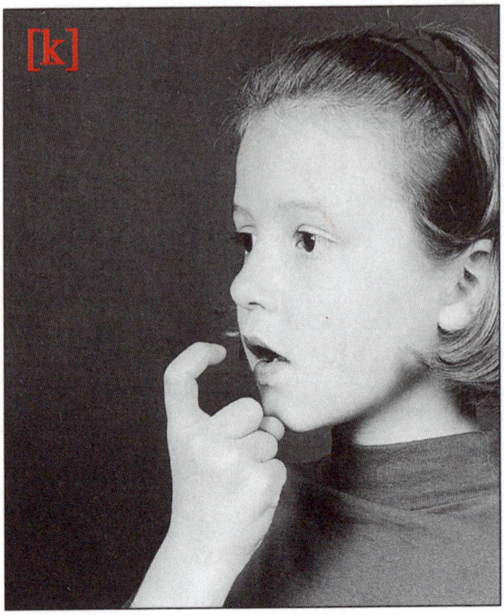

Comme ton doigt le montre,
tu le dis au fond de ta bouche.

C'est le [k] de « **c**amion ».

cu co ca

oc uc ac

cal cor casse

ric toc tac

col lac cor roc

car tic-tac luc

Éric
a un col.

Marc
rame
sur un lac.

Luc
a cassé
un bol.

Rémi
a collé
un 1.

Pif-paf
un pot
a cassé.

Coco va
à l'écurie.

Tu passes
par un joli parc.

Èva
casse
ta pile.

Un car
part.

Éric
ramasse
une cosse.

Tu pars
à l'école.

Caroline
ira
sur un
âne.

Pascal
a vu
un porc.

Caroline
n'ira pas
à l'école.

Tu portes
une carte
à la poste.

Un caniche
va à sa niche.

Un canari vole ;
il picore
la mie.

Une cane va
à la mare ;
Luc suit
la cane ;
la cane vole ;
Luc rit ;
un canard arrive :
Luc fuit.

Nicole tape
sur la casserole.

Carole a vu un canard
sur le lac,
Éric a vu une cane
sur la mare.
Coralie a vu un car
sur la colline.

Luc a ri
car il a vu le carnaval.

Marc ira à l'école,
il fera la copie.
Il rapportera la copie
à la villa.

Conseil

En fin de leçon, déchiffrer la leçon suivante.

Les consonnes occlusives sonores *(1re série)*

d	é
	u
	y

d	o
	ui

Il a sa bosse dans son dos (faire le geste avec la main gauche).

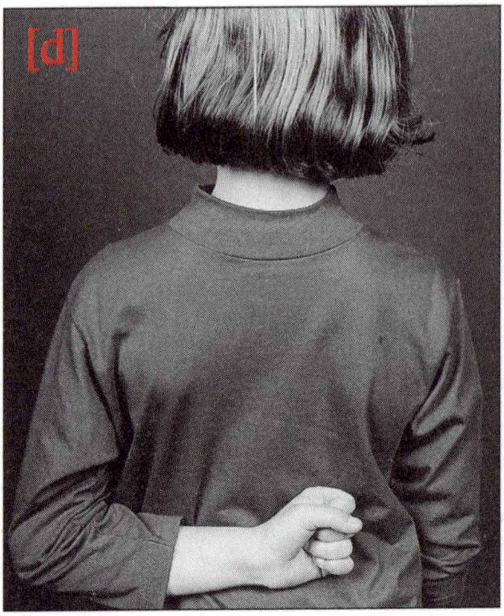

C'est le [d] de « **d**ame ».

do du dé

adi odu adui

le « **d** » à la fin du mot ne se dit pas,

tard nid Il mord. Il tord.

mais le « **de** » sonne.

Il tarde.

une corde la mode

Si l'enfant a du mal à appliquer cette règle, il doit barrer au crayon le « **d** » final et souligner le « **de** ».

Éric
a une datte.

Une dame dîne ;
la dame a mis
une jolie nappe.

J'avale
du café fort.

Marie porte
un pull à la mode.

Tu lâches
ta pédale.

Médor
a mordu
la patte
du chat.

Tu pars
sur le vélo
de papa.

Un chat
s'étire :
il a dormi
sur un lit.

Caroline
a un sac.

Martine a lu
un numéro
sur ta porte.

Tu lâches
un dé.

Un renard
dévore une pie.

Odile passe
par ta rue.

Aline a sali
la nappe ;
Dani a lavé
la nappe ;
puis
il a séché
la nappe.

Denis a attaché
la corde de Médor
à la porte de la cave.
Médor a tiré
sur la corde,
la corde n'a pas cassé.
Il a dormi
sur le tapis de la porte.
Le petit chat
a vu Médor attaché,
il a ri.
Médor, fâché,
a mordu le petit chat
à la patte.

Conseil

En fin de leçon, déchiffrer la leçon suivante.

b	a
	u
	o

b	é
	ui

Lui, il a sa boule devant
(faire le geste avec la main droite).

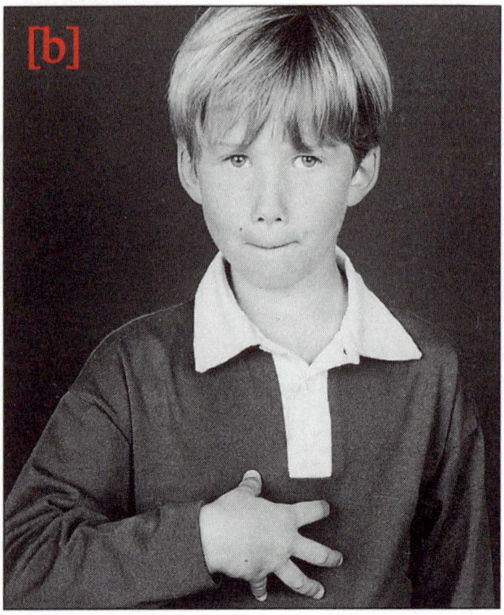

C'est le [b] de « **b**allon ».

ba bé bi bui

abe obe ube ibe

abo ibi ubé obi

balle bulle bol bord

bâtir cube cabane robe

une bonne banane

Une jolie bulle
vole.

Tu as cassé
un bol.

Donne ta balle
à Luc.

Sabine a bâti
une cabane.

Marc a
une bosse.

La lettre « e »

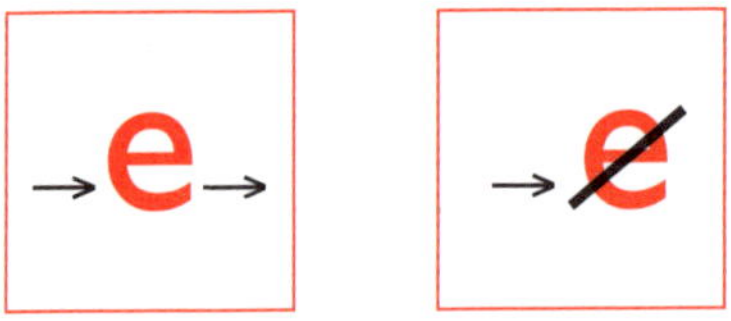

je me se
te le de

Le « e » se dit au milieu d'un mot
et dans les petits mots :
je, le, de, me…
Quand il ne se dit pas,
tu ne fais pas de geste ;
mais quand il se dit,
tu fais comme Marie.

C'est le [ə] de « petit ».

Je me lave. Je te dis.
Il se cache.

Note

Faire souligner à l'avance tous les « e » qui se prononcent.

René fera
le marché.

Denis a tenu
l'âne.

Je lis le numéro
de ta moto.

Je lis l'affiche.

Je rame
sur le lac.

Le cheval
marche :
il va à l'écurie.

Le petit canari
a un nid.

Tu as remis
la vis.

Le chat
a fini
le riz cuit.

Le bébé
a un cube ;
il a jeté
le cube ;
je le ramasse ;
il rit.

Une balle
passe
par-dessus
le mur.

Le petit rat
passe ;
le chat
l'a vu :
Denis tape
à la porte :
toc, toc,
le petit rat
se cache.

Le bébé a bu.
Le bébé a bavé.
Le bébé a dormi.

Le chat Pipo
a vu une tortue ;
la tortue marche ;
Pipo a mis sa patte
sur le dos
de la tortue ;
la tortue
se cache,
vite, vite.

Le jars mord
le cheval ;
le cheval se fâche,
il rue ;
alors le jars file
à la mare.

Luc a un papa.
Luc a un chat.
Luc a un cheval.

Conseil

En fin de leçon, déchiffrer la leçon suivante.

p n d	è

r l s	ê

Mets ton accent en arrière, comme le « **è** ». Ouvre bien la bouche pour le dire.

C'est le [ɛ] de « **fête** ».

bè vê dè tè fê chê

Je pèle
une pêche.

Je dors,
je rêve.

Je lève
la tête.

Je sème
de la salade.

Une bête
a bêlé.

As-tu la fève ?

Pipo lèche
sa patte ;
il lape
le jus du rôti.

Éric
se dépêche.

J'avale
un remède
car je suis malade.

Je pioche,
je ratisse,
je sème.

est
est = è

Il est puni.
Il est sorti.
Il est mal assis.
Il est venu.
Il est parti.
Luc s'est levé.
Pascal s'est lavé.
Martine s'est mordue.

Victor a cassé
sa locomotive :
il est fâché.

Note

Apprendre « est » sans décomposer en plusieurs sons.

Zoé est malade.

Marc est passé
par la petite porte ;
il a déchiré sa culotte ;
il la raccommode ;
il la lave ;
il la repassera.

Est-il tard ?
Est-il tôt ?

Est-il parti ?
Est-il malade ?

les	des	mes	tes	ses
[lɛ]	[dɛ]	[mɛ]	[tɛ]	[sɛ]

en fin de mot « **es** » ne se dit pas.

les murs les rues des soles

des pêches des bananes

mes vaches tes porcs ses canards

Tu laves le fil.

Tu étires le fil.

Tu tords le fil.

Tu sèches le fil.

Note

Préparer la lecture en faisant barrer légèrement tous les « es » qui ne se disent pas (voir note de la page 27).

Marie fera
le marché ;
Marie achètera :
des tomates,
des radis,
des carottes,
des pommes,
des bananes,
des biscuits,
des tulipes.

→nt = ~~nt~~

Les bébés
ne parlent pas.

Tes tomates
mûrissent.

Mes élèves
arrivent tôt.

Des amis
lavent
des bols.

Les malades
avalent
des remèdes.

Les motos
démarrent
vite.

Note

Préparer la page avant de la lire, en barrant les « nt » qui ne se disent pas. (voir la note de la page 27).

Il y a
des rats
à la cave :
ils se cachent.

Il y a
des chats
sur les lits :
ils dorment.

Il y a
des bébés
sur les tapis :
ils marchent.

Les tasses se cassent
si tu les lâches.

Conseil

En fin de leçon, déchiffrer la leçon suivante.

Les consonnes occlusives sonores *(2e série)*

g	a
	u
	o

gu	i
	é
	è

Il se dit dans la bouche,
mais il chante dans la gorge :
tu montres ta bouche et ta gorge.

C'est le [g] de « **g**âteau ».

gu go gué ga gui guê

gare gâté gomme

guide vague bague

figure légume figue

Je garde le bébé de Magali : il est fatigué, il va dormir.

Note

Le « u » souligné doit être prononcé.

Je regarde
un catalogue.

Marguerite
se régale
de figues.

Le matelot
navigue
sur un canot.

J'achète
des légumes.

Mélanie
a cassé
une corde
de sa guitare.

Marie
a égaré
le dé
de Sabine.

Tu as
la figure sale.

Je te donne
une gomme.

Je guide le cheval ;
il galope ;
il va à la gare ;
il se dépêche :
la locomotive
est déjà là.

Tu n'es pas
malade,
tu es guéri !

Une gamine
regarde
ta moto.

Une vague
a démoli
la jetée.

Graphies des lettres apprises

A	B	C	E	F
a a	b b	c c	e e	f f
A	B	C	E	F
G	I	J	L	M
g g	i i	j j	l l	m m
G	I	J	L	M
N	O	P	R	S
n n	o o	p p	r r	s s
N	O	P	R	S
T	U	V	Y	Z
t t	u u	v v	y y	z z
T	U	V	Y	Z

Note

Révision des lettres déjà apprises avec leurs majuscules à l'exception de D qui, vu trop tôt, cause des confusions.

Consonne + consonne + voyelle

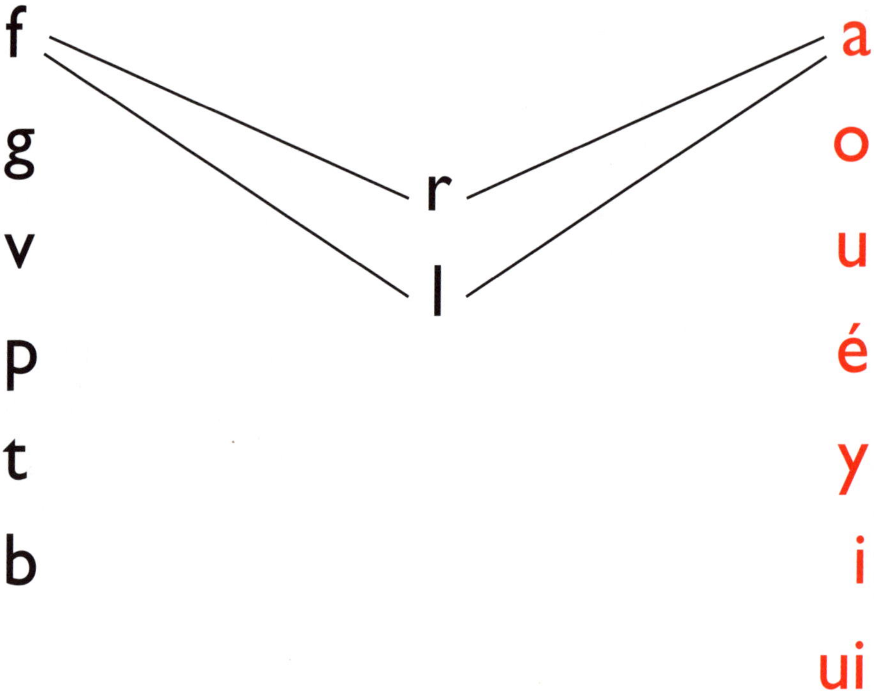

fré gla vlo blu
tri plé clu gri
vra bré dlo pré

broche livre table cadre
sucre plume flûte prune
tricot cravate grive
accroche cloche crêpe

Je frappe
à la porte :
toc toc.

Je brosse
le tapis.

J'avale
une crêpe.

Je frotte
la vitre.

Un cheval
trotte
sur le pavé.

Tu rigoles :
tu as lu
une blague.

Tu accroches
le cartable
à ta table.

Tu cries trop fort :
tu me fatigues.

Il apporte
le plat de frites
sur la table.

Il vide la carafe :
flac, floc.

Un canot flotte
sur le lac.

Tes chats griffent.

Le petit canari
se blottit
sur l'arbre.

Je porte
un drap propre
sur le lit.

Le petit frère
de Sylvie
n'ira pas
à la mare :
je bâtis
une clôture solide.

Je regarde
le livre de Marc.

Le petit frère
de Fanny
ramasse du blé ;
il me l'apporte ;
je le donne
à la cane.

La guêpe
vole
près de la vitre.

J' admire
ta cravate.

Je regarde
un tigre
sur un livre.

Tes chats
grattent
à la porte ;
ils griffent le tapis ;
chasse-les.

Tu as mal à la tête,
tu as la fièvre,
tu as la grippe :
avale un remède,
tu seras guéri.

Tu brosseras
le tapis,
tu laveras
le mur
près de la porte.

Un gros rat gris
gratte
à la cave.

Je porte
un gros sac
sur le dos.

Je lis
le chiffre
sur la carte.

Je guide
le petit bébé
car il marche mal ;
je lui donne
le bras.

Je regarde
une grappe mûre ;
je l'attrape,
je la déguste.

Regarde la marmotte.

Ordres :

(à lire et à faire)

Tire la porte.
Marche sur le sol.
Cache le pot.
Assis !
Apporte la clé.
Avale ta salive.
Lis le numéro.

Ordres :

Va sur le tapis.

Lave le bol.

Regarde
par la fenêtre.

Lave le lavabo.

Apporte
le cartable.

Ramasse
ta gomme.

Conseil

En fin de leçon, déchiffrer la leçon suivante.

Voyelles nasales, diphtongues et graphies complexes

f	an
s	
ch	

v	an
j	
z	

gr	am
pr	

bl	am
cl	

Tu le dis dans ton nez.
Loin de ton nez, c'est [ɑ] ;
près de ton nez, c'est [ɑ̃].

C'est le [ɑ̃] de « or**an**ge »

fan can dam tam van

clan blan fram tram

gant jambe lampe

ruban branche manche

divan chambre mandarine

planche pélican tranche

Je plante
un grand arbre.

J' allume
la lampe.

Dimanche,
Blandine a mis
ses gants blancs.

Jean a vu
un gros chat
sur le mur.

J’ épluche
une mandarine.

Chantal dort
sur un divan
dans la chambre
de sa maman.

Ma tante
est une dame
très élégante.

Je chante,
tu danses,
Bébé gambade.

Tu me demandes
une amande,
une mandarine.

Je garde
le bébé de ma tante ;
il est dans un parc.

Tu as une crampe dans la jambe ;
tu as mal : je te panse.

Je campe dans un champ
comme un grand.

Je rampe
comme un crocodile.

Arièle a mis
un joli ruban.

Mélanie a ramé
sur l'étang.

Yvan a des grandes jambes :
il est grand ;
tu as des petits bras :
tu es petit.

Pauline plante des tulipes.
Chantal plante des crocus.

Tu tires ma manche,
tu la déchires.

Un pélican se dandine ;
il marche comme un canard.

Tu as grandi :
tu as six ans !

Je brûle une bûche
dans la cheminée.

Je suis grand,
je lis dans un grand livre ;
il est petit,
il regarde un petit livre.

Jean est méchant :
il a tiré la natte
de Martine ;
il a déchiré un livre ;
il a cassé une vitre ;
il a tapé la porte très fort ;
il a mordu le grand frère :
sors, Jean, va dans ta chambre
tu es trop méchant !

Guy fera
une pyramide de cubes.

an

am

anne ane

amme ame

banane blanc flamme

gramme lampe gamme

champ âme banc lame

je glane jambe divan

canne cabane panne

Tu feras de la vannerie.

Note

Avant de lire, différencier le [a] du [ɑ̃] en les marquant de ces signes « a » « ã » ; lire en faisant les gestes correspondants.

Conseil

En fin de leçon, déchiffrer la leçon suivante.

l	on
m	
r	

n	on
p	

fr	om
tr	

vr	om
pl	

C'est le [ɔ̃] de « **bon**bon ».

Tu le dis dans ton nez.
Loin de ton nez, c'est [ɔ] ;
près de ton nez, c'est [ɔ̃].

bon gom chom lom pon

prom clon blon tron from

ronde	balcon	pont	pompe
trompe	bombé	montre	lion
raton	avion	ballon	camion

Je monte sur ton balcon.

Je me trompe !

Tu as montré ta montre.

Mon ballon rond est crevé.

Je tombe sur le bitume
de la rue.

Je gronde ton frère.

Ton vélo va vite ;
mon camion va plus vite ;
son avion va vite, vite, vite.

Mon ballon a rebondi
sur ton balcon.

Mon bâton est tombé ;
l'as-tu pris ?

Le tapir a une petite trompe.

Monte sur la table.

Mon oncle
a caressé un lion.

Ces bonbons
sont arrivés par avion.

On allume les lampions.

Je gronde mon chaton.

La pompe est cassée.

Je me trompe :
je confonds ton camion, mon avion.

Ils sont là,
ils font trop de bruit.

Mon ballon rond
monte près du plafond.

Je lâche mon guidon.

Ton sucre a fondu
dans ton café.

Ils vont dormir.

Tu as une grande tartine
de confiture d'abricots.

Azor fera
des bonds ;
il attrapera le ballon ;
il se tapera le front
contre le plafond ;
il crèvera le ballon,
arrête... Azor !

Je gronde ton chat ;
il a volé une tranche
de jambon.

Je monte sur ton ânon.

on onne one
om omme ome

bon	bonne	pomme	pompon
trompe	trône	salon	Yvonne
dôme	fondu	gondolé	jeton
savon	gomme	biberon	Léon

Il a reconnu. Une somme.
Tu sonnes. Il donne. Il tonne.

Note

Avant de lire, différencier le [o] ou [ɔ] du [ɔ̃] en les marquant de ces signes « o̲ » « ɔ̃ » ; lire en faisant les gestes correspondants.

Onze amis ont dévoré
une grande tarte.

Simon a égaré son gant.

Marion a mis
les pommes
sur la planche.

Il porte
une montre
étanche.

Je monte sur mon balcon :
je regarde les camions
dans la rue.

Conseil

En fin de leçon,
déchiffrer la
leçon suivante.

p	oi
t	
c	

d	oi
b	
g	

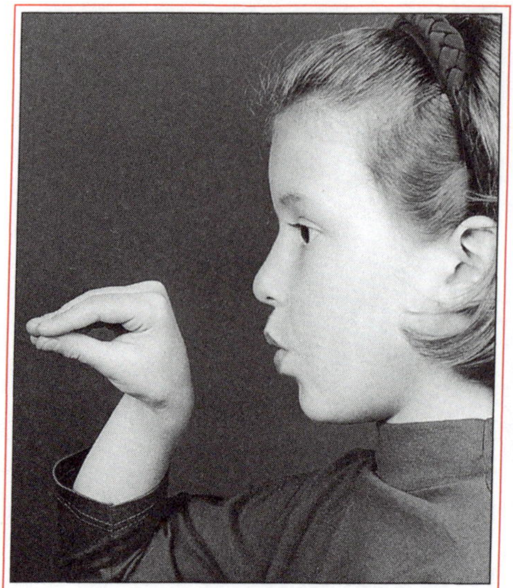

Tu réunis tes doigts en pointe :
c'est le museau du chien ;

puis tu les écartes brusquement
en disant [wa] comme le chien.

C'est le [wa] de « poire ».

joi moi roi soi voi
bloi froi troi cloi
gloi floi ploi croi

soir noir voir miroir
poire boîte toit croix

tiroir *armoire* *trottoir*

Je bois du jus de poire.

Benoît doit venir
me voir un soir.

Mon canot a une voile
de toile noire.

Tu as mis
ta petite voiture
dans le tiroir de mon armoire.

On voit
les étoiles le soir.

Le canard boite ;
L'oie se dandine ;
moi, je marche droit !

À ma fête, je dois avoir
un poisson dans un bocal.

Tes pions, tes jetons sont
dans la boîte noire.

Antoine va boire trois fois :
il a très soif.

Tu vas savoir lire.

Tu vas savoir écrire.

Je vois un chat
sur le toit ;

Médor le voit :
il aboie.

Benoît épluche
sa poire.

Tu boites
comme un canard.

Tu as la fève : on crie
« Vive le roi » !

Tu ris.

Le soir, il fera froid ;
on allumera une flambée.

Maman promène son bébé
dans sa voiture.
Il crie ;
on lui donne le biberon.

Tu te coiffes
devant le miroir.

Le renard se cache
dans le bois.

Un loir a fui devant moi ;
il se cache
dans le tronc d'arbre.

Conseil

En fin de leçon, déchiffrer la leçon suivante.

f j n	oin

br cl tr pl	oin

C'est le [wɛ̃] de « **loin** ».

Ici, c'est le bec du canard.
Tu le fais avec tes deux doigts ;
tu parles du nez, comme le canard.
Le canard ouvre le bec,
et il dit [wɛ̃]. Toi tu ouvres
les doigts, et tu dis aussi [wɛ̃].

le soin — le coin — le poing

moins — loin — une pointe

foin — pointure — recoin

Ton école est loin ;
tu y vas par le bus.

Martine a marché
sur une pointe ;
as-tu très mal ?

Mes notes sont
moins bonnes.

Tu as soin
de ton petit frère.

Demande à ta maman
la pointure de tes gants,
de tes sandales.

Mon ami me rejoint
près du rond-point.

Je joins
les 2 points.

Benoît va rejoindre
sa maman à la gare :
ils partent très loin.

Il a démoli
ma jolie boîte de carton ;
on l'a mis dans le coin noir ;
il ne sortira pas
avant le soir.

Nicolas a mis un arbre
dans un coin du salon ;
il le décore ;
l'étoile a des branches pointues ;
il attache les guirlandes ;
devine son nom.

Frédéric s'est tapé le front
sur le coin de la table ;
on lui donne des soins ;
il a moins mal ;
on lui donne une pâte de coing ;
il est guéri, il est consolé.

Conseil

En fin de leçon, déchiffrer la leçon suivante.

s	ou
ch	

v	ou
z	

Trois doigts font le « **o** » ;
deux doigts font le « **u** » ;
et tu dis [u] en avançant ton bras.

C'est le [u] de « p**ou**le ».

tou cou dou fou chou

sour mour bour tour

crou grou plou vlou glou flou

route soupe poule chou

moule clou boule roue

croûte poupée toupie

Une poule
sur un mur.

Je cours
comme un fou.

Je joue
près de Papa.

Je boutonne ma robe,
puis je boutonne
le tricot de Charlotte.

Pour ma fête,
on m'a promis
une poupée ou une toupie.

Où vas-tu ?

Je découpe
des étoiles,
des moutons,
pour ma crèche.

Je ne trouve plus mon cartable :
où est-il donc ?

Je vous donne
un bout de chiffon
pour y coudre des boutons.

Je secoue mon tapis
par la fenêtre :
la poussière
tombe dans la cour.

Je tape
sur les clous.

Donne-moi
un moule
pour le baba.

Cachou court
après les poules ;
je le punis.

Ils poussent
les tables
près des fenêtres.

Il fera les courses :
il achètera
le journal de Maman.

Je trouve un clou
sur le sol
sous le tapis ;
je le ramasse.

Une boule roule
sur la route :
Éric court après ;
il me l'apporte.

Il y a de la boue
sur la roue
de ta moto.

Je regarde
la figure de Guy ;
il rit :
il a trouvé une prune.

Une grosse vague
m'a bousculé.

Ma pomme
a roulé
sous la table.

Ta toupie tourne
à côté du tapis.

La poupée
de Suzon
dort sur mon lit.

Le loup
a dévoré un cabri.

La poule rousse
picore
du blé.

Louis goûte
une tarte à la crème.

Une goutte de pluie
glisse
sur la vitre.

Pour ta fête,
nous dégusterons
une langouste.

Le goudron de la rue
a fondu.

Janine découpe
un ovale,
un carré,
un rond,
un triangle.

Une jolie biche
a couru sur la route
devant la voiture.

Je joue
de la guitare ;
tu joues
de la mandoline ;
il est pianiste
il joue du . . . . . ?
il est flûtiste
il joue de la . . . . . ?

Je passe
sur le mur écroulé.

Je goûte
une bonne prune
très mûre.

Je joue
à la course.

J'écoute le coucou :
il chante dans les bois.

Une mouche
a touché ma joue.

Tu ôteras
tes pantoufles.

Ma chèvre broute
dans le pré ;
mon mouton
broute le gazon.

Je guide un passant :
il ne trouve pas la rue ;
je le conduis.

Une petite souris
passe sous la porte ;
le chat est là :
il la regarde.

Le cochon se roule
dans la boue.

Je retourne
une crêpe.

Ma tante
plante un clou
dans le mur.

Une grosse bête
court dans la forêt.

La viande a cuit
dans la cocotte ;
la purée a cuit
dans la casserole ;
le poisson a cuit
dans le four.

Je regarde
une devanture
de bijoux.

Tu ramasses un gland.
Où est le chêne ?

Antoine dévore
une tranche de viande,
puis du jambon.

L'orang-outang
est un grand animal ;
il a des poils roux.

Louis est assis
sur le bout du banc.

Tu racontes
un drôle de conte ;
tout le monde rit.

Tu as arraché
ton bouton ;
demande à Maman
de le recoudre.

Ma grand-mère
écoute la radio ;
ma tante
tricote un pull ;
Maman
brode un drap ;
mon père
bricole à la cave ;
moi, je regarde
le livre de calcul.

Azor
a trouvé
un croûton.

Tu laves
le front de ta poupée ;
tu as un bon savon.

Je vois une voiture
sur la route étroite.

As-tu froid ?
Couvre-toi,
on va courir dans la cour.

Écoute
la jolie chanson.

Jean-Loup découpe
une étoile noire.

Tu vois mal
dans le couloir tout noir ;
allume.

Le dimanche
nous dormons tard ;
nous nous levons,
nous nous lavons,
nous avalons notre café,
des tartines de confiture ;
nous jouons ;
puis nous sortirons ;
nous ferons les courses,
nous porterons les sacs.

Raoul et Louis font du vélo.
Ils roulent sur la route. La route est goudronnée. Ils vont vite, ils roulent comme des fous.
Raoul a vu un trou sur la route, il tourne le guidon, évite le trou, roule sur un clou et pousse Louis.
Ils tombent dans le fossé et roulent dans la boue. La boue recouvre tous les pantalons et les pulls. Ils retournent à la villa.
Maman ouvre la porte et les voit tout sales. « Où êtes-vous allés ? »
« Nous sommes tombés dans le fossé à côté de la route, ma roue avant est crevée ! » répond Raoul.
Maman sourit et dit : « Sous la douche ! »

h	*h*
H	*H*

Pas de geste puisqu'on ne le dit pas.

ha hé hu hi ho

thé huile rhume hache

haricot *Catherine* *hibou*

hamac *histoire* *habit*

Ne touche pas
à la hache !

Note

Préparer la page avant de la lire (voir la note de la page 27).

Luc porte une hache :
il va abattre un arbre.

Hélène
a un rhume.

Catherine a bu
du café très sucré.

J'ajoute
de l'huile
à la salade.

Un hibou
se cache
sous
le houx.

Une hyène
hurle dehors.

Catherine a mis
un haricot
sur la mousse humide.

L'été,
je dors dehors
dans le foin.

Il a une horrible habitude :
il bavarde toujours
dans la classe.

Hannah se hâte,
il est tard.

Il y a un hamac
sous les arbres
pour y dormir.

Les hiboux habitent
un trou d'arbre.

Arthur est malade ;
il a un gros rhume ;
il a de la fièvre ;
il a pris un remède ;
il va dormir.

Tout le monde
va dehors.

Le gros âne gris
crie hi-han.

Je tombe
dans un grand trou :
je me casse une jambe,
un bras,
la tête,
le cou.

On me couche dans un grand lit,
à l'hôpital ;
on me donne trois bonbons :
je suis guéri !

Tu me racontes
une histoire bizarre ;
je n'y crois pas.

Hugues est tombé de son vélo devant sa villa. Il a très mal à son bras droit et il a un gros hématome à la hanche. Son papa l'a conduit à l'hôpital. Un homme portant des habits blancs s'est occupé de Hugues. L'homme a pris une radio de son bras droit. Il a une fracture à l'humérus, l'os du bras avant le coude. L'homme lui a plâtré le bras. Hugues n'a pas hurlé car l'homme a été doux, il a l'habitude. Huit minutes plus tard, ils sont ressortis de la salle de soins. Hugues a souri à son papa. « Hourra ! Tu n'as plus mal ! » a dit son père.

elle

C'est le [ɛ] de **ê**te.

C'est le [l] de **l**ait.

Il joue ;
elle rit.

Il écrit ;
elle colorie
les gravures.

Il rame ;
elle pêche
des sardines.

Il a une écorchure :
elle la lave,
elle a pris du coton,
elle roule la bande,
elle l'attache.

Une petite poule rousse
court sur la route ;
elle a coupé
le sac du renard,
elle vole vite ;
elle se cache ;
elle rit ;
le renard sera fâché ;
il ne pourra pas la cuire
dans sa marmite.

La cane glisse sur la mare :
elle appelle ses canetons,
coin ! coin !
Ils arrivent,
boitant, se dandinant,
coin ! coin !
Vite, vite,
dans la mare,
tous !
ploc !
plouf !

(Marche, toi, comme les
canetons !...).

Conseil

En fin de leçon, déchiffrer la leçon suivante.

qu	qu
k	k

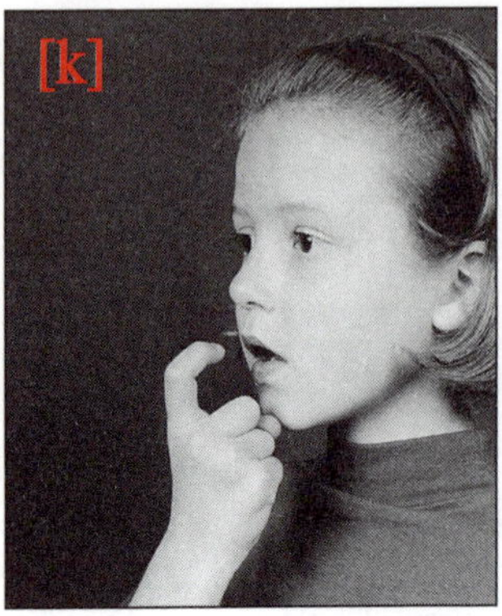

C'est le [k] de **c**amion.

qu Qu - qu Qu

k K - k K

quan	quoi	quoin	quou
qui	qué	qua	quo
ko	kou	kan	le coq

Note

Avant de lire, l'enfant doit rechercher dans toute la page et souligner au crayon « qu ».

képi	kangourou	kilo
casque	moustique	coque
masque	barque	coqueluche

Monique
pique
à la machine.

Papa va
à la bibliothèque.

Je quitte
Véronique.

Je donne
un quart de poire
à Dominique.

Pour ma fête,
Maman fera un moka.

Quelle est
la pointure
de tes gants ?

Je porte un képi
ou un casque :
je suis soldat.

Un moustique
a piqué
la jambe de Jean-Luc.

Je croque des pralines :
cric, croc.

Papa se promène
sur l'étang :
il a une barque ;
il a 2 avirons.

Je trouve
une coque de noix ;
j'y colle un mât,
une petite voile :
voilà mon canot.

Quand on quête
pour les malades
dans la rue,
je donne des sous.

Patrick a la coqueluche ;
il tousse,
il a la fièvre ;
on lui fera des piqûres ;
il sera guéri.

Dominique porte ses skis,
elle ne quitte pas son anorak,
elle a hâte de partir.

Chaque dimanche, l'été,
on fera un pique-nique.

As-tu vu le fakir ?
Il ne se pique pas !

Conseil

En fin de leçon, déchiffrer la leçon suivante.

Jacques et Malika se promènent.
Ils font une longue promenade de quatre kilomètres. Ils passent à côté d'un étang. Jacques voit un homme sur une barque au bord de l'étang. Malika lui demande : « Pourrons-nous voir des poissons ? » « Oui ! Il y a quatre carpes et quarante petits poissons ! » répond l'homme.
Un bruit bizarre arrive. Quatorze moustiques attaquent Jacques et Malika. Lui est piqué trois fois et elle est piquée quatre fois. Ils courent vite pour fuir les moustiques qui retournent à côté de l'étang. « Ouf, nous sommes tranquilles ! » dit Malika.

r	au
n	
d	

fr	eau
bl	
qu	

C'est le [o] de vél**o**.

au au Au Au
eau eau Eau Eau

fau leau sau teau
blau creau queau drau
gau gueau vreau clau

gâteau chapeau rideau
poireau ruisseau crapaud
un moineau près du caniveau

des chevaux des journaux
des veaux des chameaux

Le petit veau
boit de l'eau
dans un grand seau.

Le chat
a déchiré
le beau rideau jaune
du salon.

Je me brûle :
ma soupe
est trop chaude.

Je chante
un beau Noël :
je ne chante pas faux.

Un beau saule
pousse
au bord du ruisseau.

Papa achète
beaucoup
de journaux.

Tout là-haut
le parachute
s'ouvre.

Nous ferons
un pique-nique
au bord de l'eau :
nous ramerons
sur nos barques.

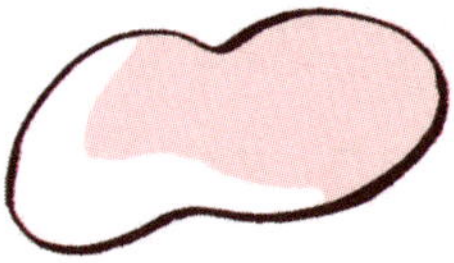

Je pique une plume
à mon chapeau :
qu'il est beau !

Un corbeau
crie dans le bois :
croa, croa…

Un beau petit veau saute,
se vautre dans le pré,
près du ruisseau.
Il faut que je le ramène
à l'étable ;
je l'attrape par sa corde ;
je tire,
il tire aussi ;
la corde casse :
il tombe ;
moi aussi ;
je ris beaucoup...
lui aussi !

Je croque
des gâteaux.

Les chevaux
ont sauté la barrière.

Nous avons pêché
un beau maquereau.

Un crapaud saute
dans ton allée
le soir.

La taupe se sauve
dans le pré.

On me donne
des gaufres.

J'écris
sur le tableau noir.

Maman va coudre
des anneaux
au rideau jaune
de ma chambre.

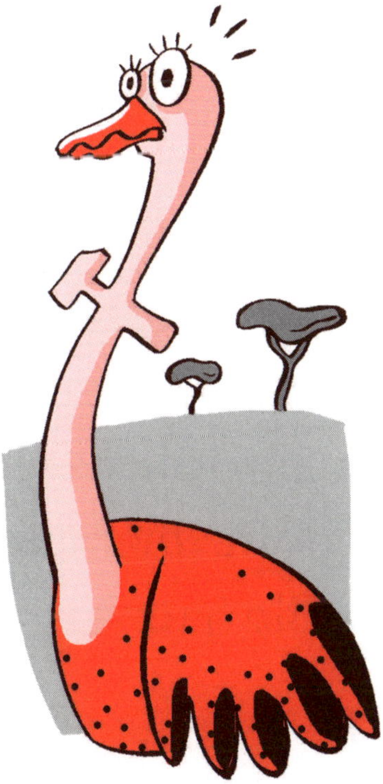

Arnaud saura lire
à Pâques.

L'autruche a mangé
un marteau :
pauvre autruche !

Pauline est tombée
dans la rue ;
elle s'est cassé l'épaule ;
on l'a conduite à l'hôpital
dans une auto ;
on lui a mis un plâtre.

Mon oncle Paul m'a promis,
pour ma fête,
une promenade dans son bateau ;
il a un joli bateau
à coque blanche,
à voile jaune.

Un gros crapaud
sort de son trou ;
il saute dans les allées ;
il va au ruisseau ;
quand j'arrive,
il se sauve ;
il saute dans un trou.

et

Le petit mot **et** se dit [e].

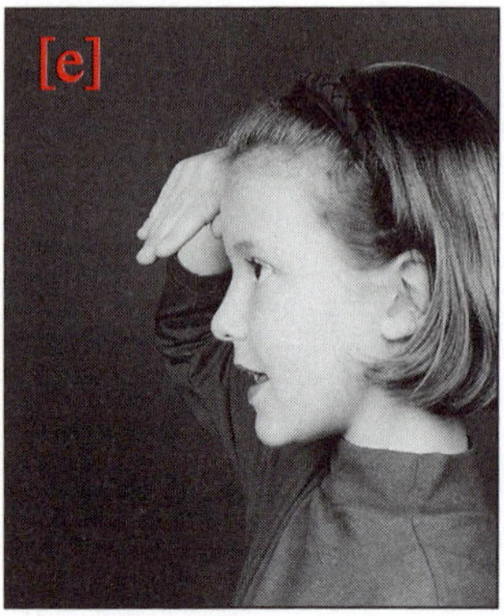

C'est le [e] de **été.**

un poisson et un crabe
une lime et un marteau
un rouleau et un carton
un seau et un râteau

Tu as pris
ton chapeau,
ton manteau
et tes gants :
tu vas sortir.

Un beau troupeau
de vaches
et de veaux
broute
sur le coteau.

Le petit chacal et le chameau
se promènent ;
le chacal monte
sur le dos du chameau
pour franchir le ruisseau ;
ils vont dans le champ
de cannes à sucre.

Conseil

En fin de leçon, déchiffrer la leçon suivante.

l	in
m	

p	im
t	

br	yn
vr	

pr	ym
gl	

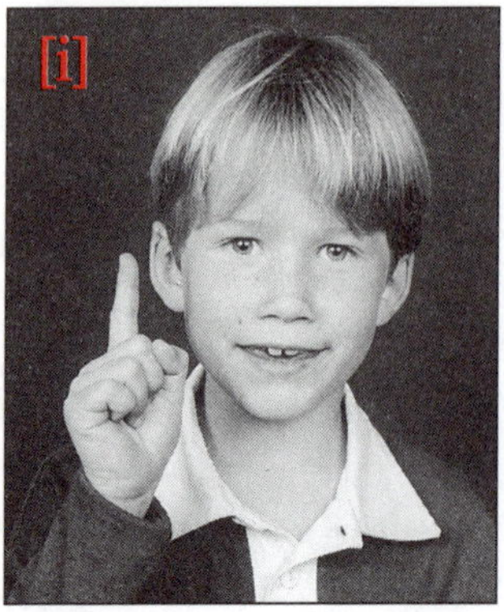

C'est le [ɛ̃] de « lap**in** ».

Tu le dis dans ton nez :
loin de ton nez, c'est [i]
près de ton nez, c'est [ɛ̃].

Note

En phonétique, le [ɛ̃] est la nasalisation du [ɛ]. Le « i » est utilisé ici pour respecter l'écriture « in » du [ɛ̃].

quin	lim	bim	kim
brin	fryn	glin	vryn
trin	vlin	dlin	grim

lapin	pinson	serin	sapin
jardin	matin	marin	thym
taquin	timbale	satin	timbre

Tu as vu un lapin
dans le jardin.

Il y a un pinson
dans le sapin ;
il chante
très tôt
le matin.

Un serin
s'est échappé ;
il vole
dans la classe.

Mes patins
roulent
sur la chaussée.

Le matin,
je lis, j'écris ;
je chante et je joue ;
puis je sors ;
je marche et je cours.

Je grimpe à l'arbre ;
j'arrache un brin de sapin
et je ramasse
une pomme de pin.

Un petit marin
a pris un canot :
il vogue sur le lac.

Ma chèvre broute
un brin de romarin ;
mon lapin
préfère du thym.

Tu iras au moulin ;
tu rapporteras
un sac de farine.

Suzon a mis
un ruban de satin blanc
à son ours Martin.

Arnaud est
trop taquin.

Un malin petit serin
s'est sauvé de sa volière,
quand on lui a donné
sa nourriture
et son eau propre.
Il a volé dans mon jardin ;
il a niché dans le sapin
près des moineaux ;
le matin,
il a chanté pour moi.

Les poules pondent
dans un nid ;
elles couvent vingt et un jours ;
un petit poussin
sort de chaque coque.

Sur le gazon du jardin,
il y a une dinde et un dindon ;
une pintade et son poussin ;
une lapine et son bébé lapin ;
une cane, un canard
et un caneton ;
une brebis et un mouton ;
une vache et son veau ;
tous, ils font la ronde.

La grosse poule rousse
a douze poussins ;
elle les amène dans mon jardin ;
elle va près des salades.
Gare ! jolie poule rousse,
file vite,
car Médor va venir,
il te mordra,
il te chassera,
et tes poussins aussi.

Conseil

En fin de leçon, déchiffrer la leçon suivante.

qu k dr	ai

gl bl fr	ei

C'est le [ɛ] de **fê**te.

« **ai** » et « **ei** » se disent [ɛ].

kai bei fai rei sai

lei crei glai prai drei

blei frei clai drai

trai glai prei vrei

prairie laiterie plaine balai

baleine	reine	graine	laine
laitue	marraine	caisse	lait
raie	trait	vrai	clairon

Je sème
des graines
dans une caisse.

Je me promène
sur les quais
de la Seine.

J'aime boire
du lait frais ;
Maman l'achète
à la laiterie.

Marraine achète
de la laine
pour me faire
des gants.

Je me lave :
j'ai de l'eau chaude.

Je vais faire des crêpes
pour le mardi-gras.

Maman a la migraine ;
je ne fais pas de bruit ;
je lui porte de l'aspirine ;
je vais faire
le marché pour elle :
j'achèterai de la raie
et des laitues très fraîches.

J'ai vu une baleine,
une vraie !

Je sais lire treize et seize,
je les écris : 13 - 16.

Je sais faire du tricot.

Ma marraine
s'est mariée :
je portais la traîne.

Je suis un militaire ;
je porte un casque.

J'écoute le son du clairon.

→et

C'est le [ɛ] de **fê**te.

À la fin d'un mot « **et** » se dit [ɛ].

béret	jouet	filet	navet
minet	chalet	volet	paquet
briquet	secret	martinet	

Je retire mon béret
et je salue :
bonjour !

Je te promets
un sorbet au citron.

Mon bébé a un jouet :
un hochet.

Il court, il court,
le furet du bois joli !

Minet a grimpé
sur mon volet.

Je pêche
un énorme brochet.

Le jet du robinet coule
dans mon gobelet.

Il met le plat
de poulet aux navets
sur le buffet.

Il a la migraine ;
il avale un cachet.

Le chalet de la forêt
a des volets de bois.

Minet a volé le pâté,
le jambon et le lait ;
on le gronde
et on le tape.

Tu as un filet ;
tu pêches.

Écoute mon secret :
je le dis tout bas.

Quand il fait froid,
je mets mon bonnet violet.

Il y a un roitelet
dans mon jardinet ;
il a frappé à mon volet :
toc, toc !

Trois brins de muguet
font un bouquet
où se cache le criquet.
Il crisse
et n'est pas très discret.

J'épluche des carottes,
des navets et des poireaux
pour faire la soupe.

Maman a vu mon carnet ;
il y a des bonnes notes :
elle me donne un petit jouet.

Le mulet est très adroit ;
il marche
dans les petits chemins ;
il ne tombe pas.

Je mets un masque
pour le carnaval.

Minet fera le guet
pour avoir un petit rat ;
mais le raton est malin !
il ne se montrera pas.

J'achète
un casque pour Jérôme,
un jouet pour Patrick,
et un masque pour Martine.

Dans la boutique de Monique,
chaque paquet est étiqueté.

→er

→ez

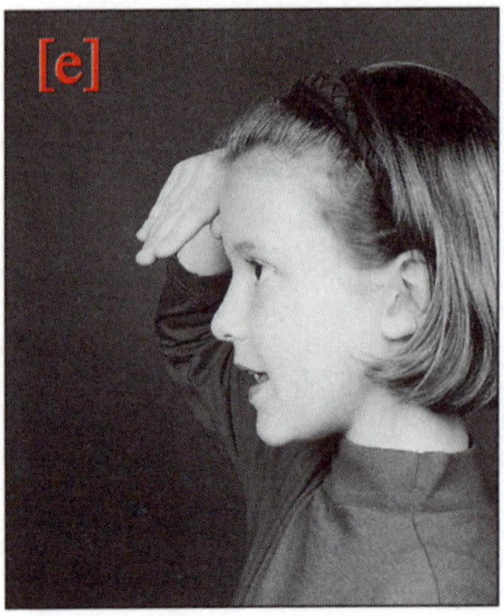

À la fin d'un mot, « **er** » et « **ez** » se disent [e].

C'est le [e] de **été.**

parler tirer marcher
venez jouez sortez
panier cahier papier

nez goûter dîner souper

J'ai froid
à mon petit nez.
J'ai mis
un gros cache-nez.

J'ai un beau cahier.

Je vais dîner
chez grand-père
comme les grands !

Si tu fais le fou,
tu vas déchirer ton tablier
et abîmer tes souliers ;
tu vas tomber sur le plancher,
tu vas écorcher ton nez.

Pouvez-vous marcher ?
Oui, nous pouvons marcher.

Pouvez-vous sauter ?
Oui, nous pouvons sauter.

À l'école on a dit :
« La cloche sonne,
mettez vos manteaux et allez jouer. »

Maman va m'acheter
des cahiers.

Pour aller au marché,
j'ai un panier ;
je vais chez le pâtissier ;
j'achète un palmier
pour mon goûter.

Le soir avant Noël,
je mets mon soulier
dans la cheminée.

Nous habitons un joli quartier. Il y a un grand parc où nous pouvons jouer. Quand il fait beau, maman nous dit : « Allez jouer dans le parc ! » Dans le parc, il y a des marronniers où nous pouvons grimper et jouer à Tarzan. Il y a aussi un grand pré pour jouer au ballon. Les bébés aiment marcher sur le chemin goudronné qui fait le tour du parc. Quand ils ne sont pas là, nous pouvons rouler vite à vélo. Pour le goûter, il y a des tables et des bancs de bois. Nous pouvons aussi pique-niquer sur le gazon.

Conseil

En fin de leçon, déchiffrer la leçon suivante.

d	eu
n	
cl	

pr	œu
dr	
tr	

œ

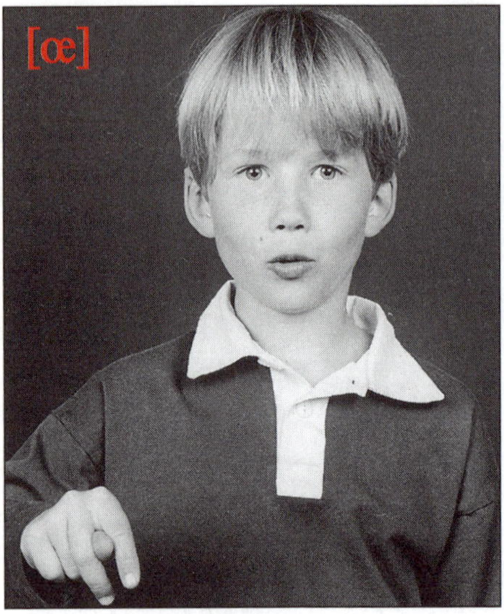

C'est le [ø] de « **deux** »
ou le [œ] de « **fleur** ».

Tu mets ton pouce entre deux doigts.

cleu groeu dreu preu
queu blœu vleu trœu

jeu feu queue bleu
nœud creux fleur pêcheur

porteur rameur danseur

Je veux
un peu de beurre
sur ma tartine ;
... mais, j'ai oublié
de dire s'il te plaît !

Le professeur
allume
l'ordinateur.

Le muguet
fleurira
au mois de mai.

Pour ma fête,
j'aurai
un jeu de cartes.

Je veux
offrir des fleurs
à Maman.

Un bricoleur
peut réparer.

Ma sœur
ne peut pas dormir :
je lui porte un jeu.

Un aviateur
a survolé Paris.

Mon bébé pleure un peu...
puis il rit.

Il pleut,
je ne peux pas sortir.

Ton frère est petit ;
ma soeur
est un peu plus grande.

Je ne peux pas
ouvrir la porte ;
aide-moi.

Je veux un plat creux
pour faire cuire la viande.

Mon neveu
veut être docteur.

Le dimanche, je dors tard ;
je déjeune à neuf heures.

Le fleuriste apporte
un bouquet de fleurs.

Un parachutiste
n'est pas peureux.

Mathieu est heureux :
on lui a donné
un canot à moteur.

Tu as les yeux bleus
et les cheveux blonds.

Je décore mon classeur :
j'écris aux feutres de couleur.

Il faut deux bœufs
pour tirer la charrue.

Clovis est très heureux :
il a deux petites sœurs ;
elles sont nées dimanche.

La vache est seule dans l'étable ;
elle beugle : meu, meu...
Elle veut sortir
pour rejoindre son veau
qui saute dans le pré.

J'ai froid, je veux du feu :
apporte des bûches et du papier.

Je fabrique
un moteur d'avion.

Ma sœur a le cœur fatigué :
elle ne peut pas courir.

Tu as soif
et tu ne peux pas boire :
ton thé est brûlant ;
il va falloir le laisser refroidir.

Le samedi, s'il pleut,
je ne sors pas.

Chaque dimanche,
on me donne
un œuf à la coque.

Je crie trois fois
dans le couloir :
Médor a peur,
il aboie.

Ma sœur a une robe bleue
toute neuve ;
elle met un nœud
de ruban bleu
dans ses cheveux ;
elle est très jolie.

Janot-lapin court vite ;
il se cache dans un trou ;
le chasseur tire : pan, pan !
Comme il a peur,
le petit lapin.

Je danse :
je veux être danseur.

Je rame :
je veux être rameur.

Je suis fort :
je veux être lutteur.

Je cours vite :
je veux être coureur.

Je conduis :
je veux être conducteur.

Je porte les cartes,
je distribue le courrier :
je veux être facteur.

Il pleut :
je ne peux pas
venir jouer dans ton jardin ;
nous jouerons dans le salon.

Le soir,
Antoine et son papa
montent sur le toit
pour mieux voir les étoiles.

Nous goûtons ;
je dis à ma sœur :
« Veux-tu boire
du jus de pamplemousse ?
du lait ? ou du thé ? »

À quoi veux-tu jouer ?
Veux-tu le jeu de l'oie
ou aimes-tu mieux
le jeu de loto ?

Je veux écrire
quatorze et dix-neuf,
aide-moi.

Le maître
n'aime pas les tricheurs,
ni les copieurs.
Il leur met un zéro.
Il aime mieux
qu'on lui demande.

Il y a un tracteur
dans la plaine.

Claude a peur :
il a vu un taureau qui court ;
il se sauve et va se cacher.

Pour aider,
je frotte les meubles,
je passe l'aspirateur.

Je veux passer
par le même chemin que toi.

Un jeune lapin
sort de son trou ;
il se promène.

Tout à coup,
il a peur !
il a vu une vipère.

Sa maman arrive,
elle bondit,
elle mord la vipère au cou,
la méchante bête meurt.

Le petit lapin est ravi ;
il danse sur le chemin ;
il chante : tra la la...
la vipère est morte !
elle ne fera plus de mal.

La tortue a sorti sa tête ;
elle a sorti ses pattes
et aussi sa queue ;
elle regarde partout.
Elle est toute seule
dans le jardin.
Elle n'a pas peur ;
elle marche un peu ;
elle veut déjeuner
d'un peu de salade.
Voilà du bruit !
Elle écoute...
On arrive ; vite, elle se cache.

→er→

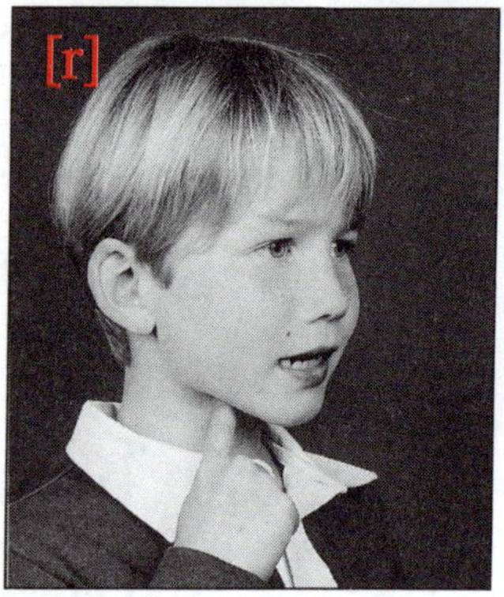

Au milieu du mot « **er** » se dit [ɛʀ].
Bien différencier du « **er** » de la fin du mot qui se dit [e].

Je verse.
Je perds.
verser

Je cherche.
Je ferme.
chercher

Je cherche un clou
dans la boîte verte.

Le ballon monte
vers le plafond.
Gaston bondit
et l'attrape
par le cordon.

Va chercher
le déjeuner
de ta maman
pour le lui porter.

Il pleut à verse
et Hubert a perdu
son imperméable
mercredi dernier.
Il ne l'a pas retrouvé.
Il se servira d'un parapluie
pour s'abriter.

Conseil

En fin de leçon, déchiffrer la leçon suivante.

ph ph

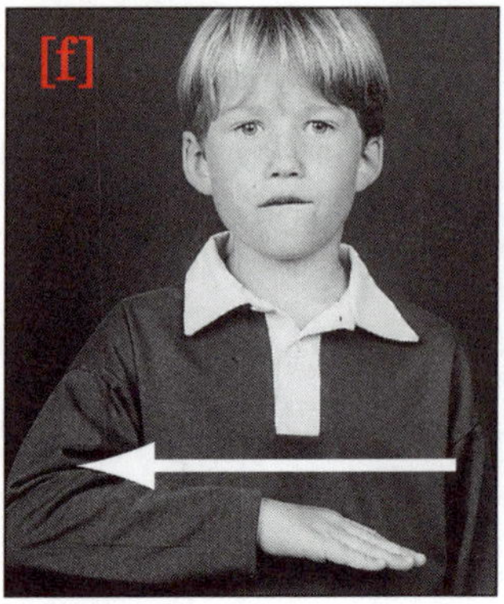

C'est le [f] de fée.

phi pha phan pher phoin
phai pheu phin phon

pha phi pho phou

J'ai vu un phoque
au zoo.

Papa téléphone.

Le photographe
a réussi nos photos.

Note

Avant de lire, l'enfant doit rechercher dans toute la page, et souligner « ph ».

Philippe a un phare neuf
pour son auto.

Je téléphone à Ophélie
pour l'inviter
à déjeuner.

Le phoque a avalé
tous les poissons du bassin.

L'éléphant
se sert de sa trompe
pour attraper les bananes.

Sophie regarde
la photo de Philippe.

Conseil

En fin de leçon, déchiffrer la leçon suivante.

gn	eu
	au
	ez

gn	ai
	eau
	ei

Tu fais glisser ton doigt autour de ton nez ; tu montes d'un côté, tu descends de l'autre.

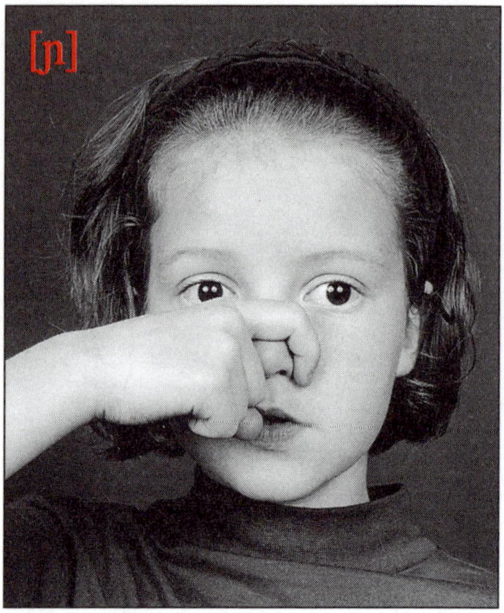

C'est le [ɲ] de « monta**gn**e ».

gnei gnez gnai gneau gneu

gnou gnan gnon gnau

campagne montagne signal
agneau guignol signature
champignon rossignol

Je gagne à la loterie,
un mignon petit chat.

Note

Avant de lire, l'enfant doit rechercher dans toute la page, et souligner le groupe « gn ».

Je t'accompagne
à la pêche à la ligne.

La voiture ne passe pas :
regarde le signal.

Le vigneron
soigne la vigne.

À la montagne,
j'habite dans un chalet.

Je me cogne le poignet :
oh ! Une égratignure !

Un petit rat gris
grignote un champignon.

Ma chèvre gambade
dans la campagne ;
puis elle grimpe
dans la montagne.

Un rossignol chante
près du vignoble.

Il y a une toile d'araignée
sous le tabouret du piano.

Le magnétoscope est abîmé,
je ne peux pas regarder
de dessins animés.

Je mets mes dessins
sur le tableau magnétique.

Je vais faire
des beignets aux pommes
pour le dîner.

Maman prépare
une quantité de paquets
pour partir à la montagne ;
je les porte
dans la remorque de l'auto
et dans le coffre arrière.

elle	esse	erre	ette	enne

v

qu

gn

ph

elle

esse

erre

ette

enne

un verre   l'ânesse   la terre

la tresse   la galette

la paresse   une tigresse   la dînette

le tonnerre   la violette   une nouvelle

la manivelle   une allumette

la chouette   la terrasse

le dessert   une antenne

Je jette des miettes
pour les moineaux.

J'écoute le tonnerre :
il gronde ;
les éclairs m'aveuglent.

Je roule
sur ma planche à roulettes.

Donne-moi une allumette
pour allumer le feu.

On tire les rois :
voilà la galette.

Juliette
écoute la chouette.

Le bébé se dresse
debout dans son parc.

Michelle monte
sur l'ânesse.

Ne casse pas la terrine !

Le tennis
est sur la terrasse.

J'achète une savonnette
parfumée à la violette.

Je tresse
une natte de cheveux.

Une alouette
chante et vole.

Babette achète
des pâquerettes
pour sa maman.

J'ai mal à la tête :
je vais me mettre au lit.

Regarde mon beau dessin.

Armelle perd sa barrette.

Mariette jette
des miettes
dans l'herbe
pour le merle.

Colette appelle :
elle secoue la sonnette.

Annette verse du thé
dans la belle tasse violette.

Je mets le couvert,
tu peux servir ;
qu'y aura-t-il pour le dessert ?

Pour la fête de mon frère,
je prépare
un beau gâteau au chocolat ;
je chauffe de l'eau
sur le réchaud
pour faire le thé ;
je mets sur son assiette
tous les cadeaux.
Il y a : un râteau,
une pelle dans un seau,
des petits chevaux,
et d'autres animaux…
Je cache tout
sous sa serviette ;
comme il va être surpris !

J'achète une raquette
pour Sylvette ;
une palette et des couleurs
pour Aliette ;
un croquet
pour moi.

Je joue à la dînette ;
je mets l'assiette,
le verre, la fourchette,
le couteau et la serviette ;
j'apporte des betteraves,
une omelette, une côtelette,
une tartelette,
quelle bonne dînette !

ec	es	ef	el
	er	ep	

bec sel ver mer fer

veston perle couvert verdure

rectangle rester escargot verser

Note

1) Revoir au besoin les pages 204 et suivantes.

2) Pour une leçon collective, écrire d'abord au tableau « esse », « effe », « elle », et faire lire ; puis effacer les deux terminales, il reste « es », « ef », « el » : la prononciation est la même.

Le roitelet
frotte son bec
sur la branche
de l'arbuste.

Un gros escargot
glisse sur le perron.

Olivier a une veste
de velours vert.

Mercredi,
nous ferons des caramels
dans un moule de fer.

Je cherche
un ver de terre :
il se cache sous le persil ;
la poule le déterre
avec son bec.

J'invite Robert et Madeleine
avec Sylvette ;
je dresse le couvert
pour quatre personnes ;
j'installe mes invités ;
je leur sers des crevettes,
des tomates à la vinaigrette,
des côtelettes
avec des pommes de terre frites,
du gruyère et pour le dessert,
des gâteaux secs avec de la confiture.

L'été dernier, nous sommes allés à la mer. Nous sommes arrivés avec notre caravane au camping « Les mouettes ». Le camping est à côté de la mer. Un mercredi après-midi, j'ai fait un beau château de sable avec ma pelle et mon seau. Tout le monde l'admirait. Une grosse vague est allée beaucoup plus loin que les autres vagues et il s'est effondré. Puis, avec ma pelle, j'ai cherché des escargots, des vers de sable et des squelettes d'étoiles de mer. Je n'ai trouvé qu'un seul squelette d'étoile de mer.

Conseil

En fin de leçon, déchiffrer la leçon suivante.

c	→	[k]	a, u, o
c	→	[s]	e, i, y

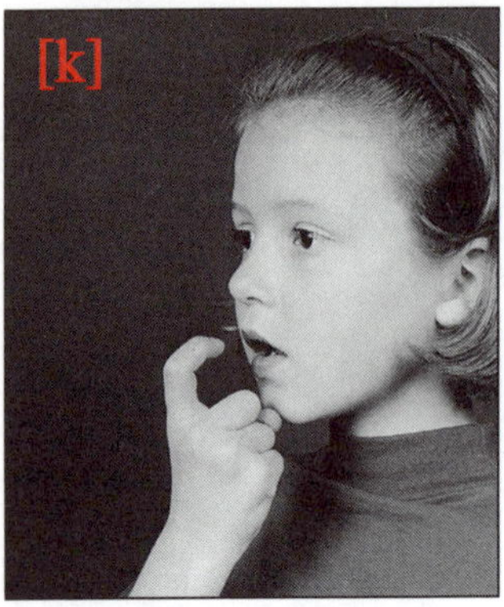

C'est le [k] de **c**amion.

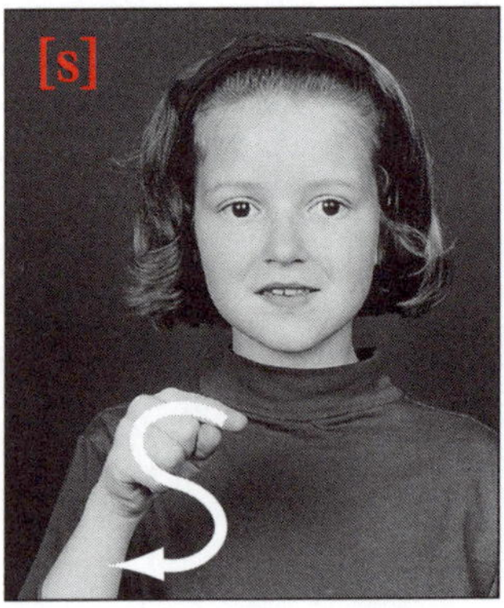

C'est le [s] de **s**alade.

ç = [s]

cin ci cei ceu cé cin

co cin ceu can cei cai

cou cé ça ço çu çoi

racine trace citron berceau

maçon cylindre colimaçon

céleri cèpe cerceau percer

Note

Préparer la page, avant de la lire, en faisant souligner les voyelles « e », « i » et « y » qui entraînent la prononciation et le geste [s] de la lettre « c ».

Je suce
une sucette.

Papa écoute
une cigale ;
Céline suit
un cerf,
et moi, je regarde
une cigogne.

Aimes-tu
la salade de céleri ?
Aimes-tu
les saucisses ?

Alice aime
les escalopes
avec de la sauce et du citron.

C'est ta fête aujourd'hui.

Un colimaçon
a laissé sa trace ;
je le cherche,
je le trouve,
je lui chante :
« Colimaçon borgne,
montre-moi tes cornes. »

Alice arrache
les racines dans son jardin ;
puis elle sèmera
de la ciboule et du céleri.

Je cède à mon petit frère
parce que je suis l'aîné.

Note

Voir la note de la page 223.

C'est le maçon
qui bâtit notre villa ;
la façade donnera
sur une terrasse.

Tu te balances
sur ma balançoire.

Je me regarde
dans la glace :
je fais des grimaces.

Il y a un chat
dans notre classe ;
est-ce vrai ?
Il y a un bébé
près de Maman ;
est-ce vrai ?
Oui, c'est ma nièce
elle s'appelle Patricia.

Lucie va à l'épicerie.
Elle achète
du café, un citron,
un morceau de saucisson ;
puis elle va au bazar,
et elle demande
des lacets pour ses souliers ;
elle veut aussi
de la cire pour le parquet ;
elle doit aussi acheter
cinq bracelets.

C'est facile de lire : papa, tati.
C'est difficile de lire : Christian.

Conseil

En fin de leçon, déchiffrer la leçon suivante.

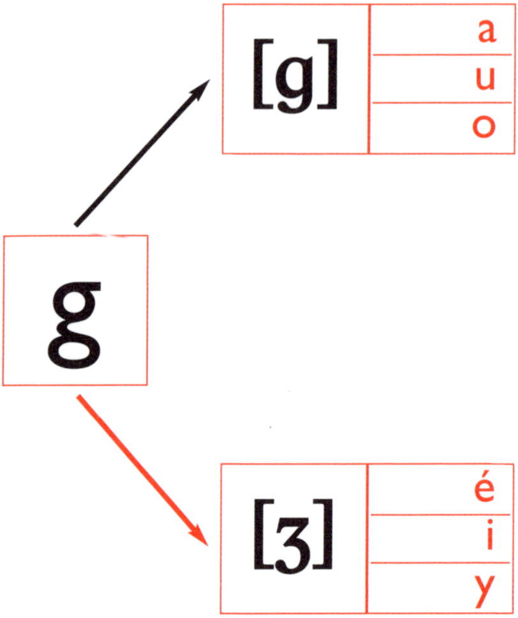

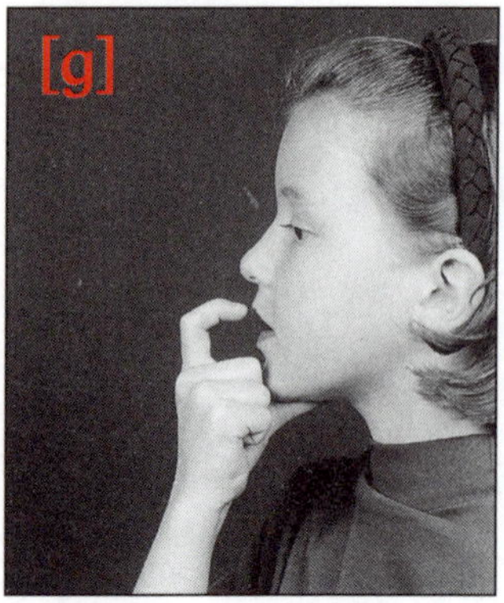

C'est le [g] de **g**âteau.

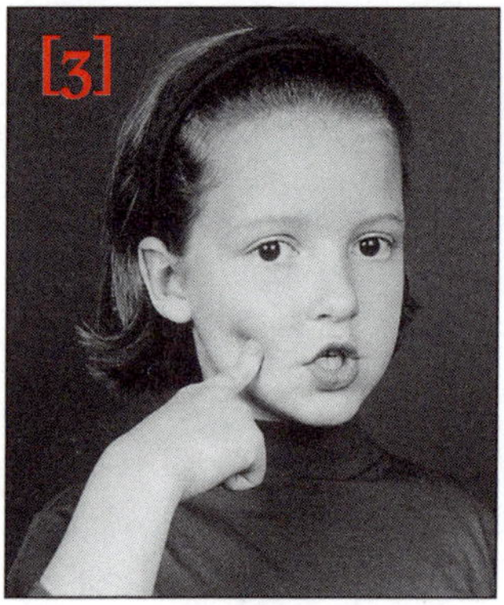

C'est le [ʒ] de **j**oli.

ge	gi	gê	gin
geu	goin	gé	gei

ge	gé	gec	gi	get
geu	gè	geoi	gei	gin

girafe gifle gymnastique neige

Note

Préparer la lecture en faisant souligner les voyelles « e », « i » et « y » qui entraînent la prononciation [ʒ] de la lettre « g ».

Bérenger donne
une bougie
à son frère.

Au Danemark,
il gèle l'hiver ;
il y a du givre aux fenêtres
et du verglas sur les routes.

Je glisse sur la neige
avec ma luge.

Je range
mes bagages
dans le coffre
de la voiture.

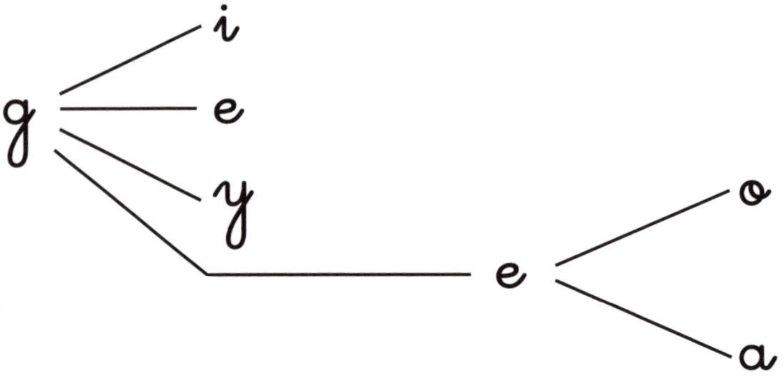

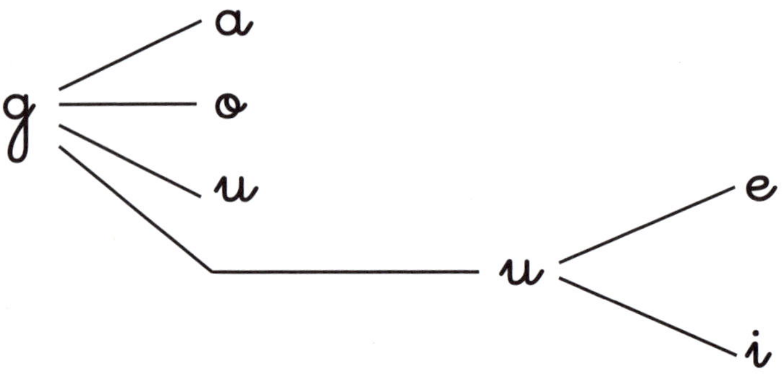

ge gi goi gan gé gei
gai gin goin geon
garage gorge rougeole
pigeon ramage guirlande
gui girolle nageoire

Note

Voir page 228.

Ma sœur fait un régime :
elle ne mange que du potage ;
nous, nous mangeons du gigot
avec des girolles, du fromage
et des oranges.

Je range le garage.

J'ai vu une girafe
sur une image.

Il y a une panne d'électricité ;
apporte le bougeoir
avec la bougie rouge.

Note

Avant de lire cette page, revoir le tableau de la page 230.

Je vais faire le ménage :
je fais mon lit,
je range ma robe de chambre
et mon pyjama.

J'ai des livres ;
je les lis,
je regarde les images,
puis je les range
dans ma bibliothèque.

L'été, j'irai à la plage
tous les jours ;
je pêcherai des crevettes ;
j'aime beaucoup ça.

Note

Avant de lire cette page, revoir le tableau de la page 230.

Le nageur
a sauté du plongeoir :
quel beau plongeon !

Je pars au bord de la mer ;
je fais mes bagages ;
puis je vais au garage ;
je sors mon auto ;
je fais la vidange ;
je suis prêt.
Je pars !
au revoir !

Conseil

En fin de leçon, déchiffrer la leçon suivante.

k	ain
v	

qu	aim
ph	

fl	ein
dr	

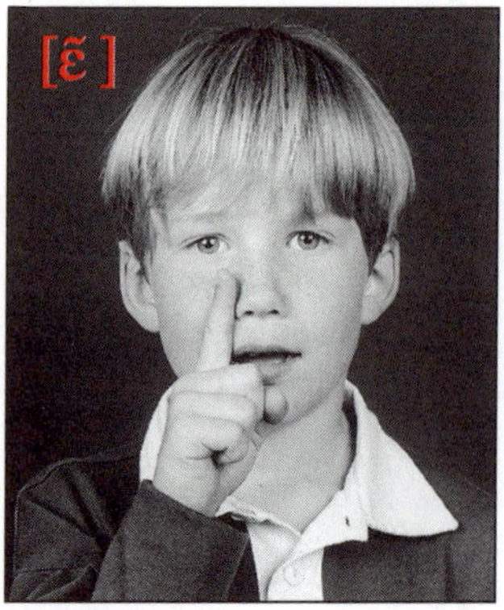

C'est le [ɛ̃] de lap**in.**

frein daim faim pain bain main

grain vilain train
plein terrain peintre

J'ai un pinceau
pour repeindre
mon tricycle.

Elle a mis
plein de peinture
sur sa main.

Le vilain petit canard
de l'histoire
était un beau cygne.

J'ai acheté un sac
plein de grains
pour mes serins.

J'aime faire
de la peinture.

Je suis grand maintenant :
j'atteins le bouton
de la sonnette.

Le maçon construit
la villa
sur le terrain.

J'ai faim :
je voudrais
une tartine de pain.

Le daim est craintif :
on ne peut pas l'approcher.

Ce matin, à l'école, nous avons fait du sport sur le terrain de football. Nous avons fait des courses de relais autour du terrain. Chaque équipe avait quatre coureurs. Moi, j'étais avec trois copains : Romain, Sylvain et Alain. Notre équipe a perdu la course de la finale. Après cette épreuve, nous avions faim. Le maître nous a permis de goûter au bord du terrain. Il nous a dit : « Faites le plein avant la prochaine épreuve ! »

Conseil

En fin de leçon, déchiffrer la leçon suivante.

j	en
t	
z	

pl	em
cl	
gr	

C'est le [ã] de orange

pen ten lem fem sen

blen pren tren flem dren

entre tente vendre pendule

sentir tremper pente

enfant remplir fendre

tempête vente prendre

J'apprends
mes leçons
pendant que
tu finis tes devoirs.

J'étais à bicyclette :
mon frein
s'est cassé :
c'est un accident ;
je suis tombé
dans la descente ;
j'ai le sourcil fendu
et le pouce cassé.

Je vais à la pharmacie
pour acheter
un médicament.

En classe,
j'apprends
la géographie.

Il est tard :
j'éteins ma lampe
et je m'endors.

Pour sa fête,
Cloé va en bateau ;
elle peut prendre
un bateau à voiles
ou un canot à moteur.
Pendant la promenade,
le vent a enlevé
le beau chapeau de Cloé ;
il est tombé sur l'eau :
quel drôle de bateau !

L'éléphant
tend sa trompe
pour avoir une banane.

J'embrasse maman.

Allons ensemble
à la fête foraine ;
nous prendrons le toboggan.

Tristan
a une grande penderie
pour suspendre ses vêtements.

Sur la pente blanche,
je glisse en skis.

Jean est grand ;
il campe dans les champs,
il dort sous la tente.

J'entends le vent
dans les branches ;
il souffle en tempête ;
il a renversé des arbres ;
il a emporté
le parapluie de Laurence ;
il a enlevé une cheminée.

Regarde la pendule :
quelle heure est-il ?

Mes notes
sont moins bonnes :
je m'applique moins ;
maman n'est pas contente.

Il faudra penser à rentrer
les jacinthes ce soir ;
il fait très froid :
il gèlera cette nuit.

Je vais porter
mon grand panier
chez le fruitier
pour qu'il le remplisse
de légumes et de fruits.

Tu chantes toujours
le même refrain :
« Trempe ton pain,
Marie, dans la sauce. »

Le bébé crie :
je l'emmène dans ma chambre ;
je vais le distraire
pour le faire taire.

Marc tend une corde
dans le jardin
pour étendre la lessive.

Le peintre peindra
ma chambre en bleu.

J'entre
dans ma chambre,
j'ouvre la fenêtre
et je dis :
« Quel beau temps ! »
Je laisse
ma tente dehors.

Comme tu sens bon !

Je vends des pendules :
je suis horloger.

Mon parrain
prendra le train
demain matin
pour venir me voir.

Je prends mon bain
avant de me coucher.

Jean a mal aux dents ;
je l'emmène chez le dentiste.

En classe,
je te défends
de faire tant de bruit !

Il fait frais :
tu sens
comme le vent passe
par les fentes de la fenêtre.

Tu apprends
à lire et à écrire.

Tu fendras du bois
pour faire du feu.

Le torrent coule
de la montagne :
je l'entends.

Je trempe un sucre
dans le café de papa :
je prends un « canard ».

Le temps est affreux,
je ne peux pas sortir ;
je prends la radio
pour me distraire.

Alain fait du pain :
il lui faut de la farine,
de l'eau, du levain
et quoi encore ?

Un gros colimaçon
glisse sur le balcon ;
il entre dans le salon ;
il monte sur le bureau.
Qu'est-ce que
Papa va dire ?
Je le prends
et je le porte
dans le potager
près des salades ;
il est très content
mais... qu'est-ce que
le jardinier va dire ?

ti = [si]

Ceci est très difficile :
attention !

addition collection acrobatie
station national multiplication
portion démocratie circulation
prétentieux traction patience

Lætitia a une collection
de poupées en porcelaine.

Si tu n'obéis pas,
tu auras une punition.

C'est un avion à réaction
qui fait ce bruit
assourdissant.

Il a une contravention :
il a oublié d'allumer
ses feux de position.

Quand je tousse,
maman me donne
une potion pour me calmer.

En classe,
je fais des additions ;
si je me trompe,
je fais des rectifications ;
ensuite, quelqu'un fait
les corrections.

L'habitation des esquimaux
est l'igloo.

Le trapéziste fait
des acrobaties.

Mon frère est minutieux,
il construit une maquette :
quelle patience !

Je sais faire des additions
longues et difficiles ;
j'apprends aussi
les multiplications
et les soustractions.

Tu ne joues pas :
cherche une occupation.

Je suis l'agent :
je dirige la circulation ;
j'ai mon sifflet
et mes gants blancs.

Mon jeu de construction
est tout neuf.

Demain, j'ai une interrogation :
il faudra répondre
aux questions.

Fais-tu collection de timbres ?

Conseil

En fin de leçon, déchiffrer la leçon suivante.

a | | en
oi | s = [z] | é
eu | ss = [s] | on
i | |
ou | | y

rose vase brise oiseau
fraise cerise casier raisin

bosse brosse cassé tasse

valise chemise roseau
adresse assiette musique

Note

1) Apprendre la liste des voyelles. Remarque : elles sont toutes dans le mot « oiseau » sauf le « y ».
2) Souligner toutes les voyelles de la page précédente.
3) Souligner sur cette page-ci les voyelles qui encadrent « s » et entraînent la prononciation en [z].

Écoute la musique.

Entre dans ce magasin
pour acheter
une blouse et une vareuse
en écossais rouge et vert.

Je repasse
tes chemises grises
pour les mettre
dans ta valise.

Je mets une rose
dans ce vase.

Un oiseau se pose
dans les roseaux du rivage.

J'ai des ciseaux
pour découper,
je compose une frise
pour décorer ma classe.

Je croise ma voisine
sur le palier de ma maison.

Je sais lire de grandes phrases.

Note

Souligner toutes les voyelles qui encadrent « s » et entraînent la prononciation en [z].

Cet après-midi, je suis allé avec mon grand-père ramasser des fruits dans le jardin. Nous avons ramassé des fraises et des framboises. Puis j'ai grimpé dans le cerisier. Des oiseaux se sont envolés car ils ont eu peur. Papy n'a pas voulu que je ramasse les cerises dans le cerisier car c'était trop dangereux. Papy a apporté un petit escabeau.
Je ramassais les cerises et papy tenait le panier.

Conseil

En fin de leçon, déchiffrer la leçon suivante.

b		ille
vr	a	
qu		

br		ille
gr	ou	

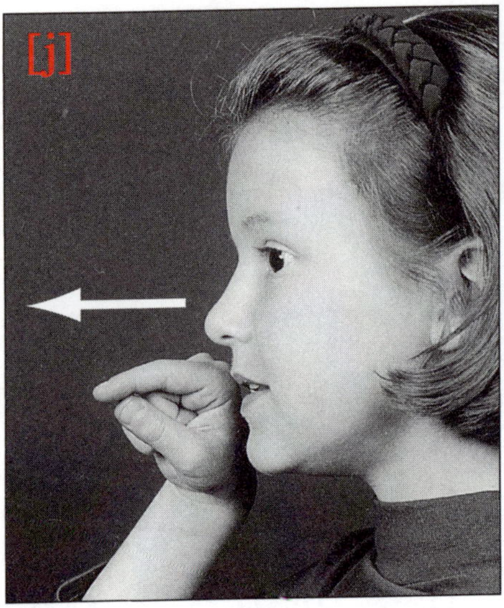

Tu le dis et tu souffles en même temps.

C'est le [j] de « **y**eux ».

grille vrille fille bille chenille

nouille fouille grenouille

médaille paille bataille

Une fillette
est une petite fille.

Je grimpe
sur la grille du parc.

La chenille
va devenir papillon.

On grille les marrons
sous le feu.

Une caille s'envole
près de moi.

On me donne
une médaille neuve.

J'aurais besoin
de ta vrille :
prête-la moi.

Pour mon dîner
j'aurai : du bouillon,
des œufs brouillés,
des nouilles au fromage,
de la crème à la vanille
avec du pain grillé.

On a mis
du grillage au poulailler
pour que les volailles
n'aillent pas picorer les salades.

J'ai si bien travaillé
que j'ai gagné une médaille.

La gentille petite fille
habille et débarbouille
sa poupée Camille.

Aujourd'hui, les garçons et les filles ont joué aux billes pendant la récréation. Guillaume a joué contre Camille. Il faisait beau, notre belle étoile brillait dans le ciel. Un beau papillon est venu se poser sur une bille. Camille a voulu l'attraper, mais le papillon s'est envolé. Puis Guillaume a vu une chenille sur le tronc de l'arbre. Il lui a dit : « Petite chenille, j'espère que tu deviendras un magnifique papillon ! »

v	ien
t	

r	ien
m	

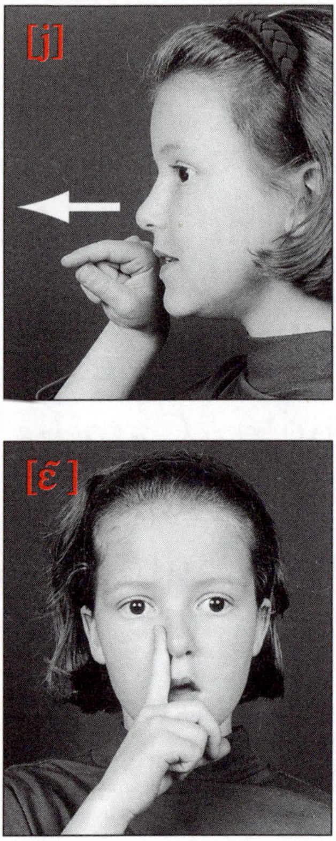

Les 2 gestes se succèdent rapidement.

C'est le [jɛ̃] de « ch**ien** ».

Note

Cette diphtongue ne doit pas être décomposée en fonction des lettres qui la composent ; mais elle doit être présentée aux enfants en fonction des sons indiqués par les gestes [j] et [ɛ̃].

viens tiens rien le sien
le tien le mien reviens

parisien musicien chirurgien

Je tiens mon chien en laisse ;
il voudrait bien courir seul.

Je viens
près de toi.

Regarde bien
s'il ne manque rien
sur la table :
nous allons bientôt dîner.

Je suis parisien ;
Mario est italien ;
Olaf est norvégien.

Ce clou ne tiendra pas ;
mets-en un autre
beaucoup plus gros.

Je viens de voir
un film bien amusant.

Le mécanicien
s'est blessé au doigt
en réparant un moteur ;
on l'a conduit chez le pharmacien
qui l'a pansé ;
mais il ira voir le chirurgien
qui lui mettra une agrafe ;
bientôt
sa plaie sera cicatrisée ;
tout ira bien.

Si tu fais peur aux pigeons
ils ne reviendront pas
sur ton balcon.

Conseil

En fin de leçon, déchiffrer la leçon suivante.

eil

eille

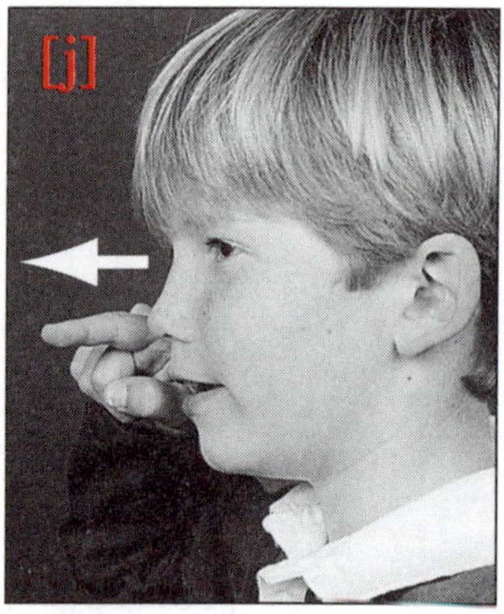

C'est le [ɛj] de « rév**eil** ».

euil

euille

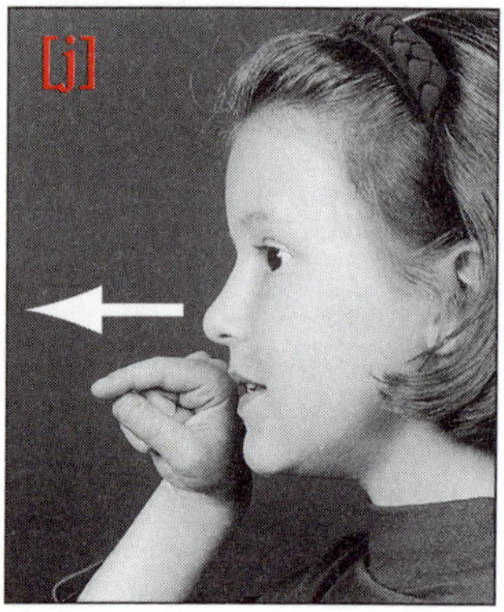

C'est le [œj] de écur**euil.**

réveil	bouvreuil
bouteille	cerfeuil
sommeil	treuil
merveille	feuille
treille	écureuil
corbeille	chevreuil

Note

Lire les deux listes de mots d'abord verticalement, puis horizontalement, pour bien différencier ces deux difficultés.

J'ai aperçu dans la forêt
un chevreuil
qui se chauffait au soleil.

Un bouvreuil gazouille
sous les feuilles :
écoute-le.

Toute une famille de chenilles
se promène sur le cerfeuil.

L'écureuil
se réveille au printemps.

J'ai vu ton chat
qui se glissait dans ma cave.

J'ai vu un treuil et une grue
qui chargeaient
une péniche.

Quand mon réveil sonne,
le matin, vite, je me lève,
je m'habille
pour aller faire mon travail.

Un malin petit écureuil
a cueilli une pomme de pin ;
il l'a lancée sur le bouvreuil.

Maman m'a tricoté
un maillot
pareil que le tien.

Nous prenons un canot
pour faire le tour du lac ;
tu rames ;
moi, je prends le gouvernail.

Mots bizarres

Je cueille. J'ai cueilli.
Je cueillerai. Orgueil. Accueil.

Je cueille des feuilles,
je les mets dans la corbeille.

Conseil

En fin de leçon, déchiffrer la leçon suivante.

a	ẏ	é
o		oi
u		ou

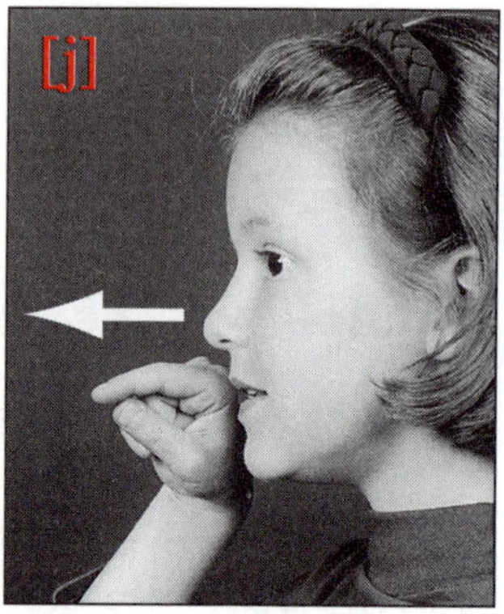

C'est le [j] de **y**eux.

« y » placé entre 2 voyelles se décompose en 2 parties :

– la 1re partie est un « i » qui s'ajoute à la voyelle qui précède,

– la 2e partie est un [j] qui va avec la voyelle qui suit.

C'est pour cela qu'il porte, dans cette leçon, un point sur une de ses branches.

tuẏau crȧẏon raẏon noẏer

voẏage noẏau voẏou

raẏure nettoẏer essuẏer raẏer

Note

Pour le tableau de cette page, employer la réglette posée verticalement au milieu de « y ».

Le tuyau de la cheminée
est troué.

Je veux envoyer
un cadeau à ma marraine.

Mon crayon est taillé :
il est bien pointu.

Je veux payer ma sucette
avec mon argent.

Un rayon de soleil
éclaire ma chambre.

J'aurai un noyer
car j'ai planté
une noix
dans mon jardin.

Note

Si la lecture de cette page est difficile, faire pointer à l'avance, par l'enfant, la première moitié de chaque « y ».

Maman me fait
une jolie robe
à rayures rouges et blanches.

Un rayon de soleil
fait briller
les feuilles mouillées du noyer.

Je vais faire un voyage
pendant les vacances.

J'ai essayé
de balayer ma chambre ;
j'ai retrouvé,
sous le rayon de livres,
mon crayon neuf
que j'avais perdu.

Je vais faire du nettoyage :
je vais essuyer les carreaux,
je vais cirer le parquet,
je vais tout nettoyer.

J'ai envoyé
un noyau de pêche
par la fenêtre ;
il est tombé dans mon jardin ;
il a poussé dans la terre ;
maintenant, j'ai un pêcher ;
je le surveille et je le soigne ;
au printemps, il fleurira ;
puis il aura des feuilles,
et l'été, je cueillerai les fruits.

X	a
	i
	é
	ou

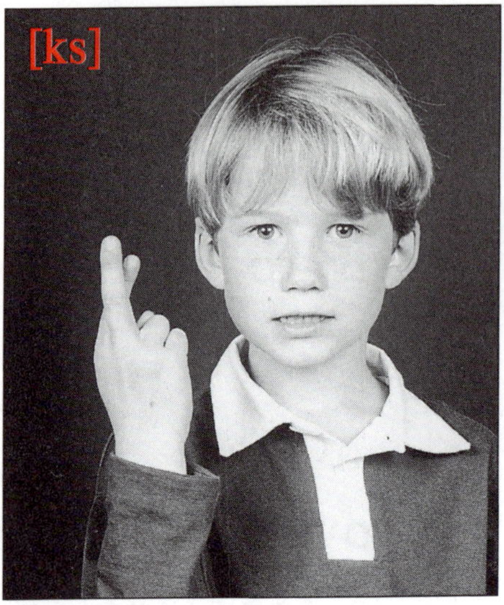

Tu croises tes doigts comme **X**.

C'est le [ks] de « bo**x**e ».

xa xan xin xé xou xon

axe exta ixou

taxi boxe fox index

expédition exposition

Alexis
traverse la rue
tout seul :
il est grand !

Maxime
appelle un taxi ;
il est très pressé,
il va voir
un match de boxe ;
il veut être exact.

Xavier a fixé
la photo de son fox
sur le mur.

Max boxe
avec un camarade :
on les sépare.

Un cheval rue
dans son box.

Alix est malade ;
on l'emmène à l'hôpital
en taxi ;
le docteur l'examine :
elle est toute rouge,
elle a une éruption,
elle a mal à la gorge,
elle a la scarlatine.

Maman expédie un colis ;
on le porte à la poste en taxi.

Alphabets

A B C D E F

a a b b c c d d e e f f

A B C D E F

G H I J K L M

g g h h i i j j k k l l m m

G H I J K L M

N O P Q R S T

n n o o p p q q r r s s t t

N O P Q R S T

U V W X Y Z

u u v v w w x x y y z z

U V W X Y Z

Note

L'alphabet doit être appris par cœur, en précisant que le nom alphabétique de la lettre peut être différent du son qu'elle représente.

■ Les mots difficiles

Je sais lire avec mes yeux sans suivre avec mon index.

Je lis aussi des mots très difficiles :

Christian Christophe Christine
Christiane chrysanthème
monsieur moyen
examen Benjamin benzine

ied = ié

le pied
Il s'assied.

eu = u

J'ai eu un livre.
Tu as eu la fièvre.
Elle a eu faim.
Nous avons eu peur.

Moïse égoïste naïf Noël Joël Loïc

Ce paysan cultive du maïs.

Écoute le ramage de mes bengalis ;
leur plumage est de toutes les couleurs.

La petite poule rouge

La petite poule rouge
grattait
dans la cour,
quand elle trouva
un grain de blé.

– Qui va semer le blé ? dit-elle.

– Pas moi, dit le dindon.

– Ni moi, dit le canard.

– Ce sera donc moi,
dit la petite poule rouge.

Et elle sema
le grain de blé.

Quand le blé fut mûr,
elle dit :

– Qui va porter
ce grain au moulin ?

– Pas moi, dit le dindon.

– Ni moi, dit le canard.

– Alors, je le porterai
dit la petite poule rouge.

Et elle porta
le grain au moulin.

Quand le blé fut moulu,
elle dit :

– Qui va faire du pain,
avec cette farine ?

– Pas moi, dit le dindon.

– Ni moi, dit le canard.

– Je le ferai, alors,
dit la petite poule rouge.

Et elle fit du pain
avec la farine.

Quand le pain fut cuit,
elle dit :

– Qui va manger ce pain ?

– Moi, cria le dindon.

– Moi, cria le canard.

– Non, pas vous !
dit la petite poule rouge
Moi, et mes poussins
nous le mangerons...
Cott, cott, cott,
venez, mes petits.

Avertissement

ATTENTION !
Ne pas confondre

[e]	de « été »	avec	[ə]	de « petit »
[y]	de « lune »	avec	[u]	de « poule »
[ʒ]	de « joli »	avec	[z]	de « zéro »
[j]	de « yeux »	avec	[ʒ]	de « joli »
[ɛ̃]	de « lapin »	avec	[œ̃]	de « un »

Classification des consonnes

	Constrictives	
	Sourdes	Sonores
labio-dentales	f	v
linguo-dentales	s	z
linguo-palatales	ʃ	ʒ

	Occlusives		Nasales
	Sourdes	Sonores	
bi-labiales	p	b	m
apico-dentales	t	d	n
dorso-vélaires	k	g	
dorso-palatales			ɲ

	Liquides
latérales	l
vibrantes	ʀ

Remarque :

Les constrictives (ou fricatives) sont aussi appelées, comme dans cet ouvrage, des consonnes « continues ».

Les occlusives ne peuvent être prolongées.

Liste alphabétique des lettres et groupes de lettres

Notes personnelles

Série Bien lire et aimer lire

Méthode phonétique et gestuelle créée par Suzanne Borel-Maisonny

Livre 1 : Clotilde Silvestre de Sacy
Méthode de base
Cycle 2 (cours préparatoire et élémentaire)

Livre 2 : Clotilde Silvestre de Sacy
Recueil de textes
Cycle 2 (fin de cours préparatoire, cours élémentaire)

Livre 3 : Yves Blanc
Recueil d'activités de lecture-écriture
Cycle 2 (cours préparatoire et élémentaire)

Livre 4 : Yves Blanc
Recueil d'activités de lecture-écriture
Cycle 2 (grande section de maternelle et cours préparatoire)

ACHEVÉ D'IMPRIMER EN AVRIL 2008 SUR LES PRESSES DE L.E.G.O. S.p.A., Lavis - TN - ITALIE
DÉPÔT LÉGAL : AVRIL 2008